AF577956

Baby
MEIN NÄHBEGLEITER FÜR DIE SCHWANGERSCHAFT
AHOI!

FRANZISKA LANGE

Baby Ahoi!

MEIN NÄHBEGLEITER FÜR DIE SCHWANGERSCHAFT

Inhalt

Ahoi

Vorwort

Eine Schwangerschaft ist aufregend. Wie das Herz in den ersten Tagen hüpft und die Gefühle kopfstehen, das werde ich nie vergessen. Ebenso wenig die Freude, wenn man der Welt um sich herum endlich von seinem kleinen Geheimnis erzählen kann. Und dann erst die Lust, alles für die Ankunft des neuen Familienmitgliedes vorzubereiten. Die Stoffe für die eigene Babyausstattung auszuwählen. In Motiven und Nähanleitungen zu schwelgen und sich vorzustellen, wie wunderbar es sein wird, wenn das Baby auf der selbstgenähten Decke seine ersten Krabbelversuche wagen wird. An all das erinnere ich mich so gern zurück, und all diese Gefühle sollen in diesem Buch mitschwingen.

Bei der Einteilung in Kapitel geben die einzelnen Schwangerschaftsmonate die Struktur vor. Die ersten Modelle sind noch für die werdende Mama gedacht, mit wachsendem Bauch kommen Projekte für das Baby dazu, die Lust machen, sich nähend auf die Reise ins neue Familienleben zu begeben. Ihr Design ist bewusst klassisch gehalten, mit einem Hauch Retrochic. Das erfreut Babys und macht auch Erwachsenen Freude.

Wer den Vorschlägen folgt und Monat für Monat die Projekte näht, hat am Ende der Schwangerschaft eine individuelle Babyausstattung, die es nirgends zu kaufen gibt. Im Anschluss an das Vorwort ist Platz für Notizen zu den Nähprojekten oder kleine Erinnerungen. So wächst das Buch mit. Und wenn die Nähprojekte dann einen Platz in der Erinnerungskiste des Babys finden, lässt sich noch dieser Nähbegleiter dazulegen, in dem das Kind später, wenn es groß ist, liest, mit welch Herzblut Mama die Ausstattung mit Kugelbauch genäht hat.

Natürlich lassen sich die Modelle auch einzeln nähen. Werdende Großeltern, Paten oder Freunde finden hier einen Fundus an liebevollen Geschenkideen zur Geburt. Vom schnell genähten Schnullerhalter bis hin zur praktischen Krabbeldecke. Variationsvorschläge ergänzen jedes Projekt und lassen dieses Buch zum anregenden und kreativen Begleiter werden – zum Schmökern, Anschauen und Nachnähen.

Alles Gute für die Schwangerschaft und Baby ahoi! wünscht

Franziska Lange

So wird meins draus

DAS WILL ICH NÄHEN

MEINE NOTIZEN

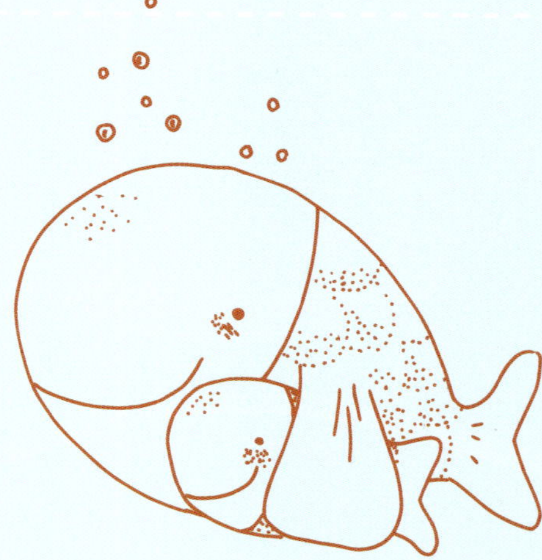

DAS WILL ICH NÄHEN

MEINE STOFFE:

DAS SOLL DAZU PASSEN:

So wird meins draus

DAS WILL ICH NÄHEN

MEINE STOFFE:

DAS SOLL DAZU PASSEN:

Erster Monat

Der Schwangerschaftstest ist positiv, die Reise beginnt! Viele werdende Mütter müssen erst einmal ihre Gefühle sortieren. Freude, Ungewissheit, Glück – jede Stimmung darf jetzt sein.

Ein Tuch zum Einkuscheln wird Mama und Baby lange begleiten. Mit zwei verschiedenen Stoffseiten ist es schnell genäht und ein Begleiter für Schwangerschaft, Stillzeit und Tragezeit. Zwei Knopfleisten machen es zum Alleskönner. Wird es an den kurzen Enden zusammengeknöpft und zweimal um den Hals gelegt, lässt es sich als Loop-Schal tragen, der sich ruckzuck als Sichtschutz beim Stillen über die Schulter legen lässt. Aber auch als Poncho, Trageschal und sogar als Babydecke tut das Tuch hilfreiche Dienste.

Wie ein Rettungsring in der Not hilft das Kirschkernkissen. Es ist extra klein und wärmt gezielt, wo es gebraucht wird. Schon in den ersten Schwangerschaftswochen tut Wärme auf dem unteren Rücken gut. Weil das Kissen so klein ist, lässt es sich prima in den dehnbaren Bund der Umstandshose stecken. Und wenn das Baby da ist, wärmt das Kissen abends das Bettchen vor, hilft bei kalten Füßchen im Kinderwagen oder lindert die Bauchschmerzen bei quälenden Anfangskoliken. Auch Mama tut es gute Dienste. Spannen die Brüste beim Milcheinschuss, wirkt Wärme vor dem Stillen lindernd.

Stillschal

ALLESKÖNNER FÜR SCHWANGERSCHAFT, STILLZEIT UND DANACH

GRÖẞE

48 cm x 148 cm

MATERIAL

- Stoff 1: Jersey mit Fischgrätwebung in Blau, 150 cm x 50 cm
- Stoff 2: Jersey in Rot-Weiß geringelt, 150 cm x 50 cm
- elastische Gewebeeinlage zum Aufbügeln (z. B. Vlieseline® G 785), 50 cm x 20 cm
- 9 Jerseydruckknöpfe

NAHTZUGABEN

Die Maße für die Schnittteile enthalten bereits 1 cm Nahtzugabe.

ZUSCHNEIDEN

Stoff 1

1x Rechteck, 150 cm x 50 cm

Stoff 2

1x Rechteck, 150 cm x 50 cm

ANLEITUNG

1 An beiden Stoffrechtecken an den beiden kurzen und einer angrenzenden langen Seite jeweils einen 50 cm x 5 cm breiten Streifen Gewebeeinlage auf die linke Stoffseite bügeln. Das dient der Verstärkung für die Druckknöpfe.

2 Beide Stoffrechtecke rechts auf rechts mit schmalem Zickzackstich, dreifachem Geradstich oder anderem elastischen Stich zusammennähen. Dabei an einer der langen Seiten eine 15 cm lange Wendeöffnung lassen.

3 Nahtzugaben zurückschneiden und das Tuch auf rechts wenden. Die Ecken gut ausformen und den Schal in Form ziehen. Die Wendeöffnung von Hand schließen.

4 In gleichmäßigem Abstand jeweils fünf Druckknopfoberteile an einer kurzen Seite sowie fünf Druckknopfunterteile an der anderen kurzen und vier Unterteile an der verstärkten langen Seite anbringen.

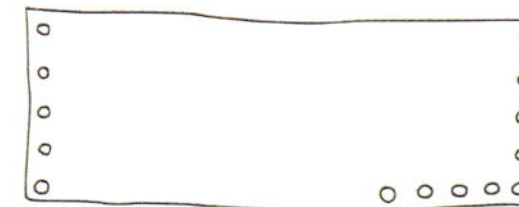

TRAGEMÖGLICHKEITEN

ALS PONCHO:

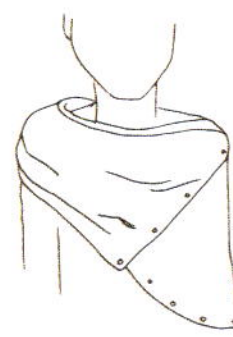

Ein kurzes Schalende an die Knopfreihe an der langen Schalseite knöpfen, so dass die Enden des Schals ein Dreieck ergeben.

ALS LOOP-SCHAL:

Die beiden kurzen Schalenden zusammenknöpfen, so dass ein Schlauch entsteht. Loop lässig um den Hals schlingen.

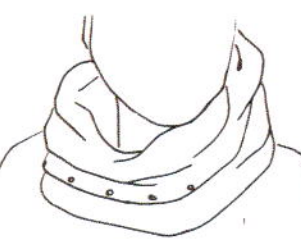

ALS STILLTUCH:

Den zum Schlauch geknöpften Schal locker um die Schulter legen. So schirmt das Tuch das Baby beim Stillen vor neugierigen Blicken ab und schützt gleichzeitig vor Sonne und Zugluft.

ALS TRAGESCHAL:

Den offenen Schal um den Hals legen und die Enden vor der Brust als Dreieck zusammenknöpfen (dabei evtl. den hintersten Knopf offen lassen). So reicht der Schal weit nach unten und schließt die Lücke, die zwischen Mamas Hals und Brust entsteht, wenn das Baby im Tragetuch getragen wird. Mamas Hals-, Brust- und Nackenbereich werden so durchgehend warmgehalten und der Kopf des Babys liegt gemütlich auf dem Schal.

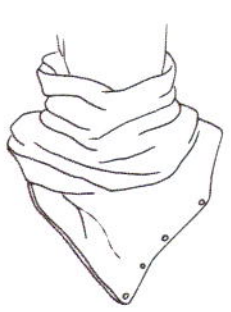

Kirschkernkissen

KÄLTE UND WÄRME FÜR BABY UND MAMA

GRÖẞE

16 cm Durchmesser

MATERIAL

- Stoff 1: Baumwollstoff mit Fischgrätwebung in Rot, 45 cm x 20 cm
- Stoff 2: Baumwollwebstoff in Natur, 40 cm x 20 cm
- Stoff 3: Wollfilz in Naturweiß, Rest
- Webband in Natur, 20 mm breit, 75 cm
- Baumwollkordel in Natur, ø 4 mm, 70 cm
- Holzknopf mit Ankerbohrung, ø 1,5 cm
- 2 nähfreie Druckknöpfe
- 100 g Kirschkerne zum Füllen

Schnittmusterbogen A

NAHTZUGABEN

Die Schnittmuster enthalten bereits 1 cm Nahtzugabe (gestrichelte Linien).

ZUSCHNEIDEN

Stoff 1
1x Vorderseite
2x Rückseite

Stoff 2
2x Innenkissen

Stoff 3
1x Mittelkreis

ANLEITUNG

1 Zwei 26 cm lange Webbandstücke zurechtschneiden und gemäß Markierungen auf die rechte Stoffseite der Kissenvorderseite stecken. Darauf achten, dass Anfang und Ende der Webbandstreifen jeweils 5 cm über den Zuschnitt hinausragen. Die Webbänder mit Kontrastgarn aufnähen, dabei jeweils zwei bis drei Nähte ungleichmäßig nebeneinandersetzen – das sieht hübsch aus und unterstreicht den „handmade"-Look. Die Webbandenden zur Schlaufe legen und innerhalb der Nahtzugabe fixieren.

2 Vier 5 cm lange Webbandstücke zurechtschneiden, zur Schlaufe legen und markierungsgemäß innerhalb der Nahtzugabe rechts auf rechts auf die Vorderseite heften.

3 Den Mittelkreis mittig auf die Vorderseite nähen. Der Bereich, wo sich die Webbänder kreuzen, verschwindet unter dem Filzkreis.

4 An den beiden Rückseitenzuschnitten jeweils die lange Kante mit Zickzackstich versäubern, 1 cm breit zur linken Stoffseite umschlagen und knappkantig feststeppen.

5 Beide Rückseitenteile so aufeinanderstecken, dass sich die langen mittleren Kanten 1 cm überlappen. Den entstandenen Hotelverschluss oben und unten innerhalb der Nahtzugabe fixieren.

6 Vorderseite und Rückseite des Kissens rechts auf rechts aufeinanderstecken, die Webbandschlaufen liegen dabei zwischen den Stofflagen, und rundherum zusammennähen. Nahtzugaben zurückschneiden und mit Zickzackstich versäubern.

7 Das Kissen durch die Öffnung wenden. Den Holzknopf aufnähen. Die Kordel durch die Laschen ziehen und verknoten. An der Rückseite am Hotelverschluss zwei Druckknöpfe zum Verschließen anbringen.

8 Die Zuschnitte für das Innenkissen rechts auf rechts zusammennähen, dabei markierungsgemäß eine Wendeöffnung lassen. Das Kissen wenden. Wie eingezeichnet einen Kreis in die Mitte des Kissens nähen, den Kreis vorläufig nicht schließen.

9 Kirschkerne zunächst nur in den Mittelkreis des Innenkissens füllen. Danach den mittleren Kreis zu Ende nähen. Anschließend auch den äußeren Bereich mit Kirschkernen füllen. Die Wendeöffnung knappkantig von Hand oder mit der Maschine schließen.

ANWENDUNG

Um das Kissen zu erwärmen, einfach das Innenkissen 10–15 Minuten bei 150 °C in den Backofen oder für eine Minute bei maximal 600 Watt in die Mikrowelle geben. Das Kirschkernkissen kann auch Kälte speichern. Im Tiefkühler aufbewahrt bietet es zum Beispiel bei anfänglichen Stillproblemen Linderung.

Varianten

SCHAL FÜR DEN WINTER

Wer den Schal für die kältere Jahreszeit nähen möchte, kann für eine der beiden Seiten auch Fleece oder Strickfrottee verwenden. Die andere Seite sollte dann jedoch aus Jersey genäht werden, sonst wird der Schal zu dick.

PATCHWORK-SCHAL AUS STOFFRESTEN

Der Alleskönnerschal aus Jersey ist dehnbar und legt sich deshalb auch bei größer werdenden Babys immer noch gemütlich beim Stillen über die Schulter. Wird der Schal in erster Linie für die Zeit der Schwangerschaft genäht, kann eine Seite auch aus nicht dehnbaren Stoffen wie Popeline oder anderer dünner Webware gefertigt werden. In dieser Variante eignet sich der Schal herrlich, um sämtliche liebgewonnenen Stoffreste zu verarbeiten. Schön sieht es auch aus, wenn eine Stoffseite des Schals als Patchwork gearbeitet wird. Dafür so viele 50 cm breite Stoffstreifen aneinandernähen, bis das Stück 150 cm lang ist. Danach einfach der Anleitung wie beschrieben folgen.

KÜHL- UND WÄRME-RETTUNGSRING MIT ALTERNATIVER FÜLLUNG

Trauben- oder Rapskerne und Dinkel- oder Hirsespelz speichern ebenfalls Wärme und Kälte und schmiegen sich durch ihre feinkörnige Struktur besonders fein an den Körper an.

RETTUNGSRING ALS DUFTENDES KISSEN

Ein wunderbares Geschenk gibt der Rettungsring auch mit duftenden Füllungen wie Zedernholzspänen oder getrockneten Lavendelblüten ab.

Zweiter Monat

Im zweiten Schwangerschaftsmonat steht bei den meisten Frauen die erste Untersuchung an. Dabei stellt die Frauenärztin bzw. der Frauenarzt einen Mutterpass aus. In dem kleinen Heft wird die Entwicklung der Schwangerschaft eingetragen, notiert, welche Blutgruppe die werdende Mutter hat und welche Untersuchungen durchgeführt wurden, und dokumentiert, ob sie bestimmte Medikamente einnehmen muss. Bei einem Notfall gibt der Mutterpass Ärztinnen, Ärzten und Hebammen schnell Auskünfte, die für Mutter und Kind lebenswichtig sein können. Deshalb sollte der Mutterpass von nun an überall dabei sein. Eine individuell gestaltete Hülle für das Heftchen ist nicht nur schön, sondern auch praktisch. Nicht nur in größeren Frauenarztpraxen kann es zu Verwirrung führen, wenn alle Mutterpässe gleich aussehen. Zusätzlich schützt die Hülle das Papierheftchen vor Knickecken oder Flecken.

Nach der ersten Untersuchung wächst die Vorfreude, das Geheimnis zu verkünden. Wann Freunde und Familie vom Familienzuwachs erfahren, ist eine sehr individuelle Entscheidung. Manche Frauen möchten am liebsten allen sofort von der freudigen Neuigkeit erzählen. Andere behalten das Glück lieber eine Zeit für sich. Um eigene Gefühle zu ordnen und diese wunderbare Vorfreude noch ein bisschen länger auszukosten. Viele nutzen das erste Ultraschallbild, um Verwandte und Freunde in das Geheimnis einzuweihen. Mit einer besonderen Karte bekommt das Bild einen liebevollen Rahmen, der es schützt und für später bewahrt.

Mutterpasshülle

MACHT DAS WICHTIGE HEFT EINZIGARTIG

GRÖẞE

27 cm x 20 cm (geöffnet)

MATERIAL

- Stoff 1: Wollfilz in Grau meliert, 1 mm stark, 50 cm x 20 cm
- Stoff 2: Flanellstoff mit Fischgrätwebung in Blau, 51 cm x 11 cm
- Jersey in Naturweiß, 10 cm x 5 cm
- schmales Webband in Türkis, 10 mm breit, 25 cm
- Klebevlies (z. B. Vliesofix®), 10 cm x 5 cm
- auswaschbares Stickvlies (z. B. Soluvlies), 10 cm x 5 cm, optional

Schnittmusterbogen A

NAHTZUGABEN

Die Schnittmuster enthalten bereits 1 cm Nahtzugabe.

ZUSCHNEIDEN

Alle Markierungen von den Schnittmustern auf die Stoffteile übertragen. Die Applikationsteile (großes und kleines Schiff) auf Klebevlies abpausen und aus Jersey in der entsprechenden Farbe zuschneiden (siehe S. 89).

Stoff 1

1x Mutterpasshülle

Stoff 2

1x Aufsatzstreifen

ANLEITUNG

1 Den Aufsatzstreifen entlang der linken, unteren und rechten Kante mit Zickzack- oder Overlockstich versäubern.

2 Den Aufsatzstreifen links auf rechts auf dem Wollfilzzuschnitt positionieren, so dass er rechts, links und an der unteren Kante 1 cm übersteht. Sorgfältig mit Stecknadeln fixieren. Den Aufsatzstreifen entlang der oberen Kante mit Zickzackstich auf den Filz nähen. Die leicht fransige Struktur der Kante ist gewollt und soll optisch an Meereswellen erinnern.

3 Zunächst die rechte und linke Kante und anschließend die untere Kante des Streifens nach innen bügeln und fixieren. Den Umschlag knappkantig entlang der rechten und linken Kante auf den Filz nähen. Die untere Kante wird erst später genäht.

4 Die beiden Schiffe markierungsgemäß mit Geradstich und Garn in Kontrastfarbe auf den Stoff applizieren (siehe S. 89). Die Schiffslinien, das Herz und die Schleife entweder frei Hand übertragen oder auf Soluvlies abpausen und mit Geradstich nachnähen (siehe S. 91).

5 An der oberen Kante der Mutterpasshülle das Webband als Lesebändchen mittig mit einer Klammer fixieren. Die Mutterpasshülle rechts und links 11 cm breit nach innen umschlagen. Die so entstandenen Einschublaschen entlang der oberen und unteren Kanten der Mutterpasshülle knappkantig festnähen, dabei das Lesebändchen mitfassen.

Karte für Ultraschallbild

LÜFTET DAS SÜßE GEHEIMNIS

GRÖßE

12 cm x 17 cm

MATERIAL

- Stoff 1: Webstoff in Natur mit weißen Pünktchen, 15 cm x 10 cm
- Stoff 2: Flanellstoff mit Fischgrätwebung in Blau, 12 cm x 10 cm
- Jersey in Weiß, 11 cm x 4 cm, und in Mint, 3 cm x 3 cm
- Webband mit Herz in Natur, 15 mm breit, 5 cm
- Kraftpapierkarte, B6
- Papierleimstift
- Textilstift in Schwarz

Schnittmusterbogen A

NAHTZUGABEN

Die Schnittmuster enthalten bereits Nahtzugaben. Schnittmuster als Schablone ausschneiden, Konturen auf den Stoff übertragen und ausschneiden.

ZUSCHNEIDEN

Alle Markierungen von den Schnittmustern auf die Stoffteile übertragen. Das Schnittmuster als Schablone benutzen und die Applikationsteile (1x Walmaul, 1x Auge, 1x Walbaby) aus Jersey in den entsprechenden Farben zuschneiden (siehe S. 89).

Stoff 1

1x Hintergrund

Stoff 2

2x Walkörper

ANLEITUNG

1 Zunächst alle Teile auf das Hintergrundrechteck aus Stoff auflegen. Wenn alles sitzt, das Motiv von der unteren Ebene her aufbauen. Zunächst das Walmaul aufkleben.

2 Damit beim Körper die Flosse flexibel bleibt, vor dem Aufkleben die Kontur der Flosse nachnähen. Danach den Walkörper mit Leim einstreichen (die Flosse dabei aussparen) und so auf das Maul kleben, dass der Körper die obere Kante des Mauls bis zur gestrichelten Linie im Schnittmuster überlappt.

3 Die Kontur des Wals nachnähen, dabei zwei bis drei Nähte unregelmäßig nebeneinandersetzen. Die Flosse nicht mit annähen.

4 Die Flosse nach oben klappen. Unter die Flosse das Walbaby kleben. Kontur und Gesicht nach Wunsch aufnähen, alternativ die Kontur in Schwarz aufzeichnen.

5 Das Auge aufkleben, die Pupille aufmalen.

6 Das Webband um die kurze Kante der Karte legen. Anfang und Ende des Bands ankleben. Den Hintergrundstoff mit Leim einstreichen und mittig auf die Karte kleben. Trocknen lassen. Anschließend die Kontur des Rechtecks aufnähen. Auch hier wieder für einen schönen „handmade"-Effekt zwei bis drei Nähte leicht versetzt nebeneinander platzieren.

Varianten

HÜLLE FÜR DAS BABY-UNTERSUCHUNGSHEFT

Wenige Abänderungen an den Maßen genügen, um anstelle der Mutterpasshülle eine „U-Heft"-Hülle zu kreieren. Das deutlich größere, ebenso wichtige Untersuchungsheft für die Kleinen ersetzt nach der Geburt den Mutterpass. Darin werden fortan die zu festen Zeiträumen angesetzten Baby- und Kinderuntersuchungen und deren Ergebnisse erfasst. Jedes in Deutschland geborene Kind bekommt das gelbe Heft zur Geburt überreicht. Das Untersuchungsheft hat Standardmaße. Damit die Hülle passt, muss der Zuschnitt aus Wollfilz 52 cm x 22 cm messen. In dieses Maß sind die beiden Laschen von 11 cm schon mit eingerechnet. Genäht wird die Untersuchungshefthülle genauso wie die Hülle für den Mutterpass.

Dritter Monat

Die Übelkeit der ersten Schwangerschaftswochen verschwindet Stück für Stück. Zeit, sich an die ersten kleineren Nähprojekte der Babyausstattung zu wagen. Ein wunderbarer Einstieg ins Nähen für das Baby ist die Wimpelkette für den Kinderwagen. Die Kette ist flott genäht und lässt sich wunderbar aus hübschen Stoffresten fertigen. Farblich können die Wimpel so gewählt werden, dass die Kinderwagenkette nachher zur Kuscheldecke passt. So entsteht ein schönes Set, das sich auch toll zum Verschenken eignet.

Nicht alle Babys lieben Schnuller. Aber wenn sie einen verwenden, ist es sinnvoll, ihn mit einem Schnullerhalter zu befestigen. Die liebgewonnenen Tröster haben nämlich die Eigenschaft, aus Kinderwagen oder Tragetuch zu fallen und spurlos zu verschwinden. Mit einem Schnullerhalter lässt sich der Schnuller an die Kleidung clippen und der Leuchtturm weckt dabei noch Babys Entdeckerlust. In der Länge sollte ein Schnullerhalter niemals angepasst werden, sonst besteht Strangulationsgefahr für das Baby.

Die Kuscheldecke hüllt das Baby ein und spendet Geborgenheit. Das Besondere an der Decke hier ist ihr Material. Musselin besteht aus zwei Lagen Baumwollgewebe, das punktuell miteinander verwebt wird. Das macht den Stoff einerseits so leicht, dass die Decke unterwegs kaum Platz wegnimmt. Anderseits bekommt der Stoff in der Wäsche seine typische gekreppte Struktur. Das macht ihn kuschelig und herrlich griffig.

Wimpelkette

FRÖHLICHES FÜR DEN KINDERWAGEN

GRÖẞE

45 cm lang

MATERIAL

- Baumwollstoffreste in Blau, Weiß, Rot und Mint mit maritimen Motiven, jeweils ca. 15 cm x 7 cm
- Köperband oder Schrägband in Creme, 25 mm breit, 45 cm
- 2 Schnullerclips aus Holz (alternativ Hosenträgerclips)

Schnittmusterbogen A

NAHTZUGABEN

Das Schnittmuster enthält bereits 1 cm Nahtzugabe (gestrichelte Linien).

ZUSCHNEIDEN

Pro Wimpel werden jeweils 2 Schnittteile aus demselben Stoff zugeschnitten.

14x Wimpel

ANLEITUNG

1 Zwei Wimpelzuschnitte einer Farbe rechts auf rechts zusammennähen, dabei markierungsgemäß eine Wendeöffnung lassen. Die Nahtzugaben an der Spitze und den Ecken einschneiden. Den Wimpel auf rechts wenden, sauber ausformen und bügeln. Die restlichen sechs Wimpel genauso nähen.

2 Das Köperband längs zur Hälfte legen, so dass es nur noch 12,5 mm breit ist. Ein Ende durch die Öse am Schnullerclip fädeln. Das Bandende zunächst zur Rückseite des Schnullerclips zeigend 1,5 cm umklappen und dann ein weiteres Mal 1,5 cm umschlagen, so dass eine saubere Kante entsteht. Den Umschlag mit ein paar Stichen von Hand fixieren.

3 Die sieben fertigen Wimpel nach Farben sortieren und wunschgemäß so entlang des Köperbandes anordnen, dass die offenen Kanten vom Band umschlossen werden. Alles sogfältig fixieren. Am anderen Ende des Bands den zweiten Schnullerclip wie in Schritt 2 beschrieben befestigen. Nun das Köperband einmal der Länge nach absteppen, dabei die Wimpel und die Umschläge an den Holzclips mitfassen.

Schnullerhalter

IM MARITIMEN LEUCHTTURM-LOOK

GRÖßE

22 cm lang

MATERIAL

- Stoff 1: Flanellstoff mit Fischgrätwebung in Blau, 15 cm x 15 cm
- Jersey in Naturweiß, 15 cm x 15 cm, und in Gelb, Rest
- Volumenvlies, 3 cm stark, 15 cm x 15 cm
- Klebevlies (z. B. Vliesofix®), 15 cm x 15 cm
- Baumwollkordel in Rot, ø 3 mm, 60 cm
- Schnullerclip aus Holz
- 3 Holzperlen in Rot, ø 10 mm
- 2 Holzperlen in Natur, ø 10 mm
- Nähnadel
- reißfestes Nähgarn

Schnittmusterbogen A

NAHTZUGABEN

Das Schnittmuster enthält bereits 1 cm Nahtzugabe (gestrichelte Linie).

ZUSCHNEIDEN

Alle Markierungen von dem Schnittmuster auf die Stoffteile übertragen. Die Applikationsteile (je 2x unteren, mittleren und oberen Streifen für Leuchtturm, 4x Fenster, 2x Tür, 2x Leuchtfeuer) auf Klebevlies abpausen und aus Jersey in den entsprechenden Farben zuschneiden (siehe S. 89).

Stoff 1

2x Leuchtturm

Volumenvlies

2x Leuchtturm

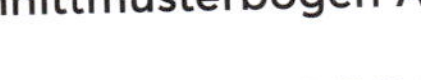

ANLEITUNG

1 Alle Applikationsteile markierungsgemäß auf die jeweils rechte Stoffseite der Leuchtturmzuschnitte applizieren (siehe Seite 89), dabei jeweils zwei bis drei Nähte ungleichmäßig nebeneinandersetzen. Das sieht hübsch aus und unterstreicht den „handmade"-Look.

2 30 cm Kordel zur Schlaufe legen und markierungsgemäß rechts auf rechts so an die Spitze des Dachs stecken, dass die Schlaufe 12 cm misst. Innerhalb der Nahtzugabe festnähen. Die Enden der Kordel ragen aus dem Teil heraus und werden nicht abgeschnitten. Das verhindert, dass sie ungewollt aus der Naht herausrutschen.

3 Das übrige Kordelstück zur Schlaufe legen. Mit Nähnadel und reißfestem Garn drei Holzperlen auf die Schlaufe ziehen (siehe Skizze).

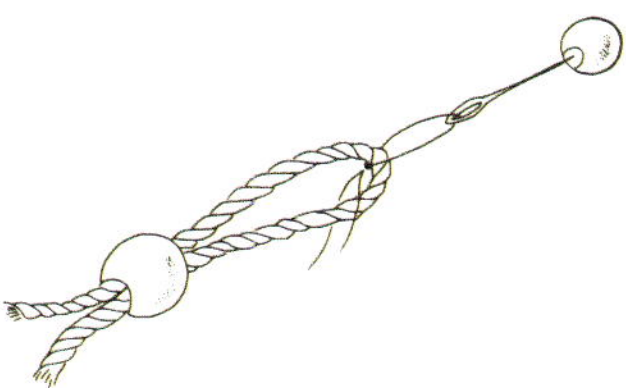

4 Die Perlen so weit zurückschieben, dass sie fast an den Kordelenden sitzen, um Platz zum Legen des Knotens zu schaffen. Die Schlaufe sehr locker verknoten, den Knoten nicht festziehen, so dass er sich noch verschieben lässt. Schlaufe von oben durch die Öse am Schnullerclip stecken, über das Holzteil des Clips schieben und anschließend festziehen. Jetzt den Knoten so weit wie möglich an die Öse des Clips heranschieben und straffen. Zum Schluss die Perlen bis an den Knoten schieben.

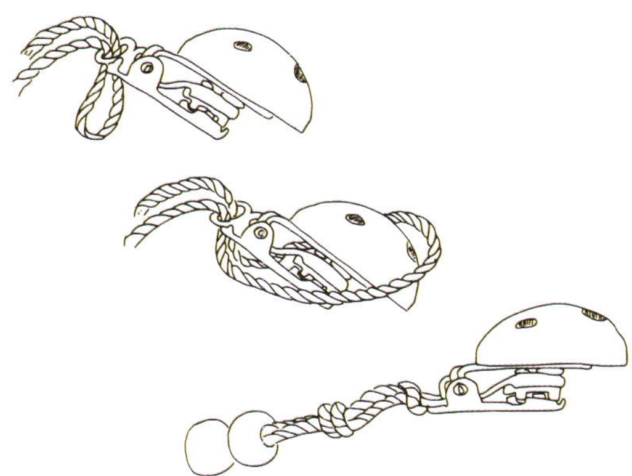

5 Die Kordelenden markierungsgemäß rechts auf rechts so an die Unterkante des Leuchtturms stecken, dass von der letzten Perle etwa 1,5 cm Platz bis zur Naht bleibt. Die Kordelenden innerhalb der Nahtzugabe festnähen und nicht abschneiden.

6 Die Leuchtturmzuschnitte rechts auf rechts stecken. Die Schlaufen liegen dazwischen. Die Volumenvlieszuschnitte zuunterst legen. Die Teile rundherum zusammennähen, dabei die Schlaufen mitfassen und die Wendeöffnung offen lassen. Die Nahtzugaben vorsichtig an den Ecken einschneiden.

7 Den Leuchtturm wenden und sorgfältig ausformen. Die Wendeöffnung von Hand schließen.

8 Zwei Perlen auf die Schlaufe am Giebel des Leuchtturms fädeln. Einen festen Knoten nach der letzten Perle setzen.

TIPP

Für Schnuller ohne Ring gibt es im Handel Adapter aus Silikon. Wenn das Baby zahnt, kann an dem Leuchtturm auch eine Zahnungshilfe (etwa eine getrocknete Veilchenwurzel) befestigt werden.

Kuscheldecke

AUS WEICHEM MUSSELIN

GRÖẞE

100 cm x 100 cm

MATERIAL

- Stoff 1: Musselin in Mittelblau, 100 cm x 100 cm
- Stoff 2: Musselin in Mineral, 100 cm x 100 cm
- Stoff 3: Jersey in Rot-Weiß geringelt, 23 cm x 100 cm
- Jersey in Natur, Hellgrau, Mint und Rot-Weiß geringelt, je 15 cm x 15 cm
- Klebevlies (z. B. Vliesofix®), ca. 30 cm x 30 cm
- auswaschbares Stickvlies, ca. 25 cm x 25 cm, optional
- Webband in Natur-Rot, 10 mm breit, 10 cm, optional

Schnittmusterbogen C und D

NAHTZUGABEN

Die Maße für die Schnittteile enthalten bereits 1 cm Nahtzugabe.

ZUSCHNEIDEN

Die Applikationsteile (Teile für den Fisch, die Luftblasen und das Herz gemäß Vorlage auf Schnittmusterbogen) auf Klebevlies abpausen und aus Jersey in den entsprechenden Farben zuschneiden (siehe S. 89).

Stoff 1

1x Decke, 100 cm x 100 cm

Stoff 2

1x Decke, 100 cm x 100 cm

Stoff 3

5x Einfassstreifen, 4,5 cm x 100 cm

ANLEITUNG

1 Das Deckenteil aus Stoff 1 zur Hälfte falten, um die Mitte zu markieren. Im oberen Drittel der Decke auf die Mitte die Applikationsteile Ebene für Ebene applizieren (siehe S. 89), dabei ggf. zur Verstärkung auswaschbares Stickvlies auf der Rückseite unterlegen, um dem dünnen Musselin für das Applizieren mehr Halt zu geben. Vlies anschließend auswaschen.

2 Die Deckenteile aus Stoff 1 und Stoff 2 links auf links legen und sorgfältig feststecken. Einen Teller als Schablone nutzen und alle vier Ecken gleichmäßig abrunden.

3 Soll die Decke einen Aufhänger bekommen, auf der Deckenrückseite ein 10 cm langes Stück Webband diagonal über eine der Ecken legen und fixieren.

4 Für die Einfassung die Einfassstreifen aus Stoff 3 zusammennähen. Dafür die Streifenenden jeweils rechts auf rechts im 90-Grad-Winkel aufeinanderlegen und die Enden mit einer diagonalen Naht zusammensetzen. Nahtzugaben zurückschneiden und von links auseinanderbügeln. Den Streifen anschließend auf 4,05 m kürzen.

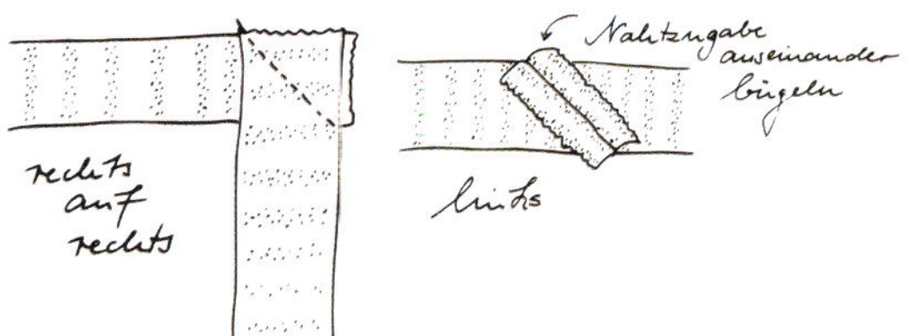

5 Den Anfang des Einfassstreifens ca. 3 cm einschlagen. Den Streifen auf der Deckenrückseite rundherum an die Kante stecken. Das Ende des Streifens über den eingeschlagenen Anfang legen. Den Streifen rundherum 1 cm breit und sanft dehnend annähen. Das Webband für den Aufhänger dabei mitfassen.

Zuerst das untere Ende einschlagen!
links

6 Den Streifen erst nach oben legen und dann eine Nahtzugabe breit links auf links einklappen. Den eingeklappten Streifen so um die Kante der Decke legen, dass er nun auf der anderen Seite der Decke aufliegt und die Deckenkante sauber umschließt. Dabei reicht er knapp über die zuvor gesetzte Naht hinaus. Den Streifen sorgfältig feststecken und darauf achten, dass er rundherum gleichmäßig leicht über die erste Naht hinausreicht. Um sicherzugehen, dass nichts verrutscht ist, die erste Naht auf der Rückseite mit den Fingern zur Kontrolle tasten.

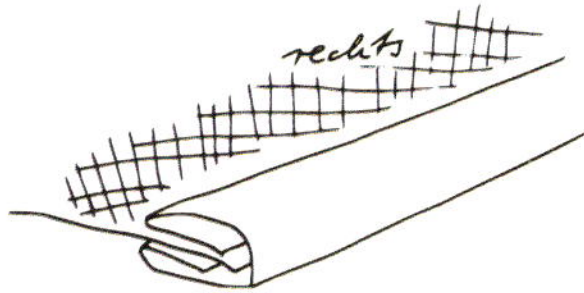

7 Den Streifen von rechts an der Einschlagkante entlang mit Zickzackstich annähen. Darauf achten, dass die Zickzacknaht sowohl die Kanten auf der Vorderseite als auch auf der Rückseite trifft.

Varianten

WIMPELKETTE FÜR DAS KINDERZIMMER

Nach derselben Nähanleitung wie für die Kinderwagenwimpelkette lässt sich auch eine Wimpelkette als Dekoration für das Kinderzimmer nähen. Im Schnittmusterbogen findet sich dafür eine entsprechend größere Schablone. Die Wimpelkette fürs Kinderzimmer wird ohne die Holzclips gefertigt. Stattdessen an den Enden das Band einfach einen halben Meter überstehen lassen, um die Wimpelkette später bequem befestigen zu können.

LEUCHTTURM ALS GREIFLING

Der Schnullerhalter-Leuchtturm wird im Handumdrehen ein niedlicher Greifling, der perfekt in kleine Hände und in die maritime Babyausstattung passt. Genäht wird er, wie in der Anleitung für den Schnullerhalter beschrieben, einzig auf das Einnähen der Kordeln und das Volumenvlies wird verzichtet. Nach dem Wenden den Leuchtturm mit Füllwatte ausstopfen und nach Bedarf ein Glöckchen ins Innere schieben. Dann nur noch die Wendeöffnung schließen und fertig ist der Greifling.

Vierter Monat

Viele Paare warten bis zum vierten Monat, um die große Neuigkeit zu verkünden. Je mehr Mitmenschen von der Schwangerschaft erfahren, desto mehr wächst gemeinhin auch die Vorfreude. So langsam wird auch die Vorstellung greifbar, dass wirklich bald ein Baby in das Leben tritt. Damit es später auch unterwegs gewickelt werden kann, sollten eine gepolsterte Wickelunterlage und eine Windeltasche in der Babyausstattung nicht fehlen. Das Windeletui vereint beides in einem. Die Wickelunterlage verfügt über praktische Fächer, in denen sich Utensilien wie Windeln, Cremes und Feuchttücher griffbereit verstauen lassen. Das Etui ist so konzipiert, dass man es einhändig zusammenlegen, mit Druckknöpfen schließen und bequem am praktischen Haltegriff tragen kann, denn schließlich wiegt der andere Arm meistens das Baby. Zudem ist das Etui klein genug, um in Mamas Tasche oder Rucksack einen Platz zu finden.

Zum Windeletui passt der Schnullerbeutel. Denn vor allem unterwegs fällt der praktische Tröster häufig mal auf den Boden oder versteckt sich unauffindbar im Kinderwagen. Wohl dem, der einen sauberen Ersatz zur Hand hat. Bis der Zweitschnuller zum Einsatz kommt, behütet ihn der kleine Schnullerfisch. Bis zu drei Schnuller finden Platz in seinem Bauch. Dank Tunnelzug lässt sich das Beutelchen ganz fix öffnen und schließen und mit der langen Kordel an Kinderwagen oder Wickeltasche knoten.

Windeletui

WICKELUNTERLAGE UND WINDELTASCHE IN EINEM

GRÖẞE

48 cm x 78 cm (ausgebreitet)
24 cm x 18 cm (zusammengelegt)

MATERIAL

- Stoff 1: Leinenwebstoff in Jeansblau, 55 cm x 85 cm
- Stoff 2: Baumwollwebstoff in Mineral, 55 cm x 85 cm
- Stoff 3: Flanellstoff mit Fischgrätwebung in Jeansblau, 55 cm x 45 cm
- Stoff 4: Baumwollstoff mit Fischgrätwebung in Rot, 55 cm x 45 cm
- Jersey in Naturweiß, 15 cm x 20 cm
- Klebevlies (z. B. Vliesofix®), 15 cm x 20 cm
- Volumenvlies, 5 mm stark, 55 cm x 85 cm
- Gurtband aus Baumwolle in Naturweiß, 2 cm breit, 30 cm
- Baumwollkordel in Blau, ø 3 mm, 10 cm
- 2 Druckknöpfe zum Annähen
- 1 Holzknopf in Walform

Schnittmusterbogen A und C

NAHTZUGABEN

Die Schnittmuster enthalten bereits 1 cm Nahtzugabe (gestrichelte Linien).

ZUSCHNEIDEN

Alle Markierungen von den Schnittmustern auf die Stoffteile übertragen. Die Applikationsteile (3x Fisch) auf Klebevlies abpausen und aus Jersey in der entsprechenden Farbe zuschneiden (siehe S. 89).

Stoff 1
1x Wickelunterlage

Stoff 2
1x Wickelunterlage

Stoff 3
2x oberes Windelfach

Stoff 4
2x unteres Windelfach

Volumenvlies
1x Wickelunterlage

ANLEITUNG

1 Die drei Fische markierungsgemäß auf den Wickelunterlagenzuschnitt aus Stoff 2 applizieren (siehe S. 89).

2 Die beiden Zuschnitte für das obere Windelfach rechts auf rechts legen und entlang der Wellenkante zusammennähen. Nahtzugaben zurückschneiden. Windelfach wenden, gut ausformen und von rechts entlang der genähten Kante füßchenbreit absteppen. Das untere Windelfach genauso nähen.

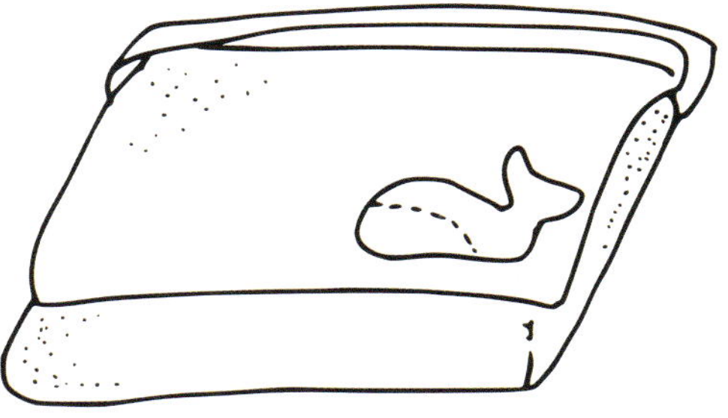

3 Oberes und unteres Windelfach so aufeinanderlegen, dass die Unterkanten aufeinandertreffen. Die Fächer auf der rechten Stoffseite des Wickelunterlagenzuschnitts mit den applizierten Fischen positionieren und entlang der Seiten- und der Unterkante mit einer Heftnaht innerhalb der Nahtzugabe fixieren.

4 Das Gurtband markierungsgemäß rechts auf rechts auf den Wickelunterlagenzuschnitt mit den Fischen heften. Die Kordel zur Schlaufe legen und ebenfalls markierungsgemäß auf die Wickelunterlage heften.

5 Den Volumenvlieszuschnitt auf der linken Stoffseite des Wickelunterlagenzuschnitts mit den Fischen fixieren.

6 Die Zuschnitte für die Wickelunterlage aus Stoff 1 und 2 rechts auf rechts legen und rundherum zusammennähen (das Gurtband und die Kordelschlaufe liegen im Inneren), dabei die Wendeöffnung offen lassen. Nahtzugaben zurückschneiden. Die Wickelunterlage wenden und rundherum füßchenbreit absteppen, dabei die Wendeöffnung schließen.

7 Die senkrechten Faltlinien markierungsgemäß nachnähen, dabei entsteht die Unterteilung der beiden Windelfächer. Zum Schluss die Wickelunterlage nach Belieben wellenförmig absteppen. Das macht die Unterlage stabiler und verhindert ein Verrutschen des innen liegenden Volumenvlieses.

8 Das Windeletui zusammenlegen. Rechts und links an der Klappe markierungsgemäß die Druckknöpfe annähen. Zum Schluss den Wal aus Holz annähen.

TIPP

An der Schlaufe lässt sich später ein kleines Spielzeug befestigen, um das mobiler werdende Baby beim Wickeln abzulenken.

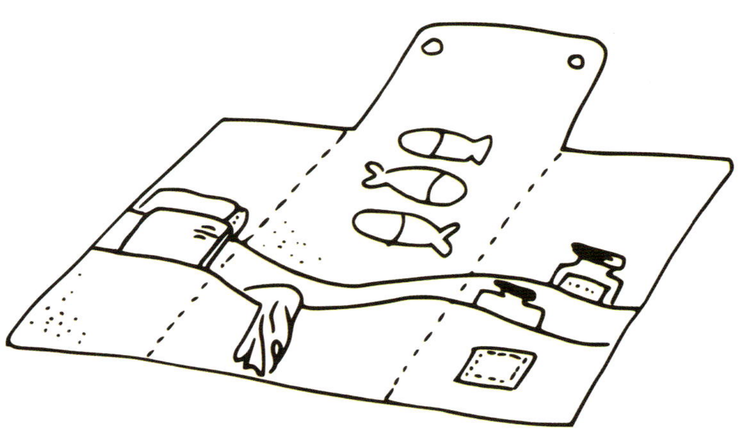

GRÖßE

10 cm x 16 cm

MATERIAL

- Stoff 1: Leinenstoff in Rot, 42 cm x 22 cm
- Stoff 2: Webstoff in Weiß-Rot gepunktet, 25 cm x 22 cm
- Jersey in Weiß und in Schwarz, Reste
- Klebevlies (z. B. Vliesofix®), Rest
- Webband in Natur mit roten Streifen, 15 mm breit, 6 cm
- Baumwollkordel in Natur, ø 3 mm, 1,20 m

Schnittmusterbogen A

NAHTZUGABEN

Die Schnittmuster enthalten bereits 1 cm Nahtzugabe (gestrichelte Linien).

ZUSCHNEIDEN

Alle Markierungen von den Schnittmustern auf die Stoffteile übertragen. Die Applikationsteile (2x Auge, 2x Pupille) auf Klebevlies abpausen und aus Jersey in der entsprechenden Farbe zuschneiden (siehe S. 89).

Stoff 1

2x Schnullerfisch außen

2x Tunnelzug

Stoff 2

2x Schnullerfisch innen

Schnullerbeutel

FÜR DEN SAUBEREN ZWEITSCHNULLER

ANLEITUNG

1 Die Teile für Augen und Pupillen auf die rechte Stoffseite der beiden Zuschnitte für den äußeren Fisch applizieren (siehe S. 89).

2 Das Webband zur Schlaufe legen und markierungsgemäß auf einen der beiden Zuschnitte für den äußeren Fisch stecken.

3 Die Zuschnitte für den Tunnelzug an den kurzen Seiten 1 cm nach innen bügeln, den Umschlag mit Zickzackstich festnähen. Die Tunnelzüge der Länge nach links auf links falten. Die doppelten Streifen rechts auf rechts an die geraden Kanten der Zuschnitte für den äußeren Fisch stecken.

4 Die Zuschnitte für den inneren Fisch jeweils rechts auf rechts an die Tunnelzugkante der äußeren Fische stecken. Der Tunnelzug liegt zwischen den Teilen. Die Teile an der Kante zusammennähen, den Tunnelzug dabei mitfassen. Die Lagen auseinanderklappen und bügeln.

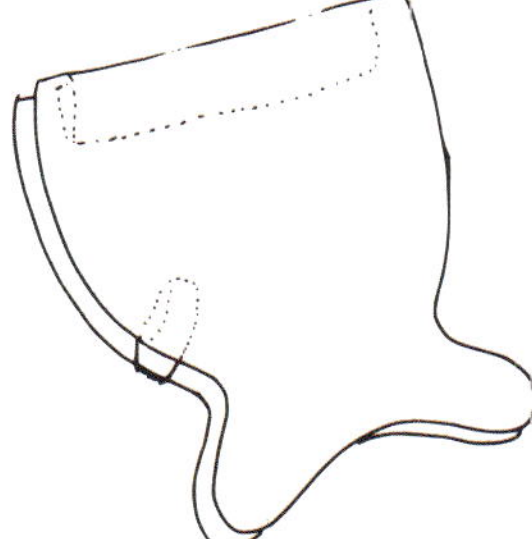

5 Beide Fischteile rechts auf rechts stecken und rundherum zusammennähen, dabei die Wendeöffnung offen lassen. Nahtzugaben zurück- und an den Ecken einschneiden. Den Fisch wenden. Die Wendeöffnung von Hand schließen. Den inneren Beutel in den Fisch hineinschieben. Den Tunnelzug von rechts absteppen.

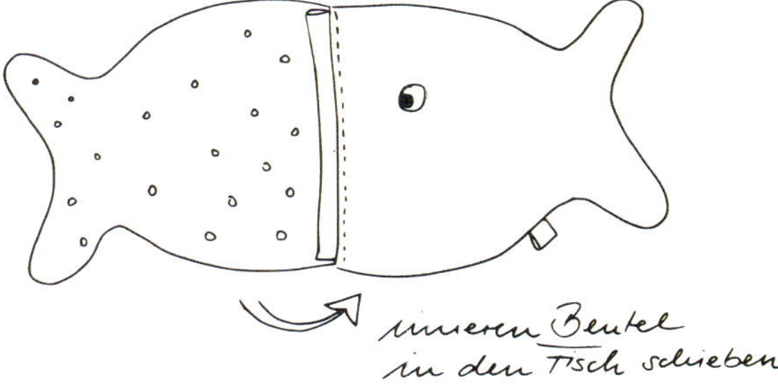

6 Zwei 60 cm lange Kordelstücke zurechtschneiden, gegeneinander durch den Tunnelzug fädeln und an den Enden verknoten.

Varianten

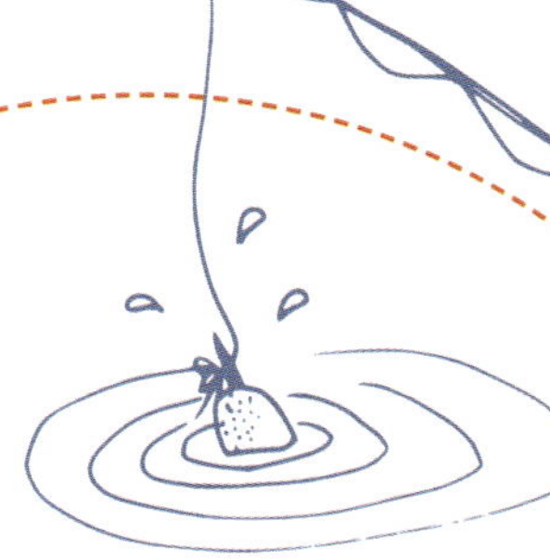

ABWISCHBARE WICKELUNTERLAGE

Statt Baumwollstoff lässt sich auch beschichteter Stoff für die Innenseite des Wickeletuis verwenden. Geht beim Wickeln mal etwas daneben, kann man die Unterlage dann einfach abwischen.

ZUSÄTZLICHE AUFLAGE FÜR DAS WINDELETUI

Um nicht immer das ganze Windeletui waschen zu müssen, bietet es sich an, zusätzliche Einlagen zu nähen, die sich mit Klettverschluss auf der Liegefläche des Windeletuis anbringen und schnell wechseln lassen. Dazu jeweils zwei 24 cm x 58 cm große Rechtecke (Maße inklusive Nahtzugabe) zuschneiden und rechts auf rechts zusammennähen, dabei an einer Kante eine Wendeöffnung lassen. Die Nahtzugaben zurückschneiden, die Auflage auf rechts wenden und die Wendeöffnung von Hand schließen. Zum Schluss Klettverschlüsse auf die Einlage und die passenden Gegenstücke auf das ausgebreitete Windeletui nähen.

Fünfter Monat

Mit der 20. Woche geht die Schwangerschaft in die zweite Hälfte. Wissenschaftler gehen davon aus, dass das Ungeborene jetzt Geräusche von außen wahrnehmen und sich einprägen kann. Melodien, die es aus der Zeit im Mutterleib kennt, helfen ihm beim Ankommen in der Welt. Das ist der richtige Zeitpunkt, um sich ans Nähen einer Spieluhr zu machen. Im Handel gibt es Spielwerke mit unterschiedlichsten Melodien. Nicht zu laut und nicht zu schnell sollten sie für das Baby sein. Und ganz wichtig: Auch die Eltern müssen ihren Klang mögen, schließlich werden sie die Melodie sehr oft hören. Vielleicht gibt es auch noch ein altes Spielwerk aus den eigenen Kindertagen, das nun eine neue Hülle bekommen darf.

Strandhäuschen, Leuchtturm, Wal und Schiffchen geben einen weich gepolsterten Schutz für das Babybett. Sie lassen sich in beliebiger Reihenfolge an das Babybett knoten und schützen das Baby vor den harten Holzteilen. Nach der Babyzeit kann man die einzelnen Elemente zum Beispiel als Stuhlpolster weiter nutzen.

Mit jedem Windhauch schaukeln die Schiffe des Mobiles fröhlich umher. Sie dabei zu beobachten, macht schon den ganz Kleinen Freude. Für das Mobile werden Schiffchen aus Filz genäht. Die Steppnähte verstärken den Faltbootlook. Sie sind ein einfaches Projekt, perfekt für Nähanfänger. Insbesondere die Farbe Rot sollte dabei mit in das Farbsortiment aufgenommen werden – Studien zufolge ist Rot nämlich die erste Farbe, die Babys sehen können.

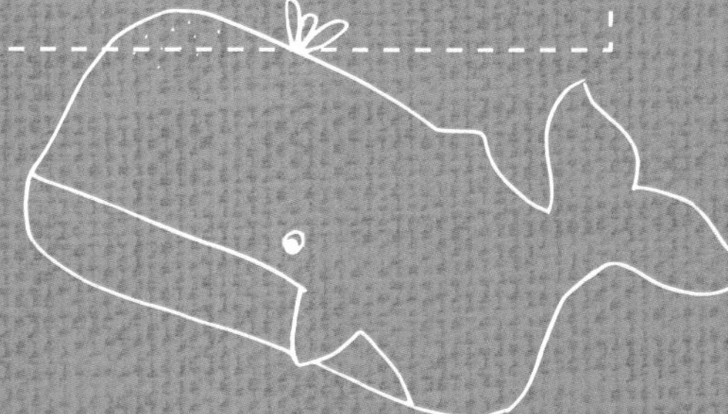

Walspieluhr

SINGT DIE MELODIE DES MEERES

GRÖẞE

25 cm x 15 cm

MATERIAL

- Stoff 1: Baumwollflanell mit Fischgrätwebung in Rot,, 35 cm x 40 cm
- Stoff 2: Baumwollflanell in Natur, 20 cm x 25 cm
- Jersey in Weiß und in Schwarz, Reste
- Klebevlies (z. B. Vliesofix®), 6 cm x 6 cm
- Volumenvlies, 6 cm x 14 cm
- Baumwollkordel in Natur, ø 4 mm, 15 cm
- Füllwatte, ca. 100 g
- Spielwerk zum Einnähen
- Holzring und Perlen nach Wunsch

Schnittmusterbogen B

NAHTZUGABEN

Die Schnittmuster enthalten bereits 1 cm Nahtzugabe (gestrichelte Linien)

ZUSCHNEIDEN

Alle Markierungen von den Schnittmustern auf die Stoffteile übertragen. Die Applikationsteile (2x Auge, 2x Pupille) auf Klebevlies abpausen und aus Jersey in den entsprechenden Farben zuschneiden (siehe S. 89).

Stoff 1

2x Walkörper (gegengleich)

4x Walflosse (je 2x gegengleich)

Stoff 2

2x Walmaul (gegengleich)

Volumenvlies

2x Walflosse

ANLEITUNG

1 Jeweils zwei Flossenzuschnitte rechts auf rechts aufeinanderlegen. Je einen Volumenvlieszuschnitt unterlegen und alle drei Stofflagen zusammennähen, die Wendeöffnung offen lassen. Das Volumenvlies bis kurz vor die Naht zurückschneiden. Nahtzugaben rundherum einschneiden. Die Flossen wenden, gut ausformen und bügeln.

2 Augen und Pupillen markierungsgemäß auf die beiden Körperzuschnitte applizieren (siehe S. 89).

3 Jeweils eine Flosse laut Markierung rechts auf rechts auf ein Körperteil heften.

4 Die Barten auf dem Walmaul markierungsgemäß mit Geradstich nachnähen. Anschließend das Walmaul entlang der Wölbung rechts auf rechts auf den Körper nähen. Die Flosse liegt zwischen den Stofflagen und wird beim Nähen mitgefasst. Nahtzugaben Richtung Körper legen und von rechts absteppen. Die zweite Körperseite genauso nähen.

5 Die Kordel so zu drei Schlaufen formen, dass die mittlere Schlaufe über die beiden äußeren hinausragt. Die Schlaufen markierungsgemäß auf einem der beiden Walkörperteile festheften, so dass die Kordelenden über den Körperzuschnitt hinausragen.

6 Die Walkörperteile rechts auf rechts legen, sorgfältig fixieren und zusammennähen, dabei am Maul die Wendeöffnung offen lassen. Nahtzugaben rundherum einschneiden, vor allem an den Rundungen. Den Wal wenden, gut ausformen und bügeln.

7 Den Wal mit Füllwatte ausstopfen, dabei zuerst den Schwanz befüllen und das Material in die Schwanzflossen schieben. Zuletzt das Spielwerk einsetzen und die Schnur durch die Öffnung nach außen legen.

8 Die Wendeöffnung von Hand schließen, dabei 5 mm Platz für die Schnur lassen. Nach Wunsch einen Holzring und Perlen an der Schnur anbringen und alles sorgfältig verknoten.

SOS

Babybett-Nestchen

AUS WAL, SCHIFF, LEUCHTTURM & CO.

GRÖßE

Wal: 60 cm x 32 cm

Schiff: 33 cm x 32 cm

Leuchtturm: 16 cm x 32 cm

Haus: 19 cm x 32 cm

HINWEIS

Alle Elemente aneinandergeknotet misst das Nestchen 2 m in der Länge bei einer Höhe von 32 cm. Durch mehr oder weniger Teile lässt sich die Länge individuell anpassen. Der Wal passt an die kurze Seite der meisten Babybetten.

MATERIAL

WAL

- Stoff 1: Baumwollstoff mit Fischgrätwebung in Blau, 140 cm x 45 cm
- Stoff 2: Frottee in Natur, 55 cm x 20 cm
- Jersey in Schwarz und in Weiß, Reste
- Volumenvlies, 3 cm stark, 65 cm x 45 cm
- aufbügelbare Gewebeeinlage (z. B. Vlieseline® H 250), 65 cm x 45 cm
- Klebevlies (z. B. Vliesofix®), Rest
- Baumwollkordel in Natur, ø 4 mm, 2,15 m

SCHIFF

- Stoff 1: Feincord in Mint, 75 cm x 30 cm
- Wollfilz in Rot, 7 cm x 2,5 cm
- Jersey in verschiedenen Farben und Mustern, Reste
- Volumenvlies, 3 cm stark, 40 cm x 30 cm
- aufbügelbare Gewebeeinlage (z. B. Vlieseline® H 250), 40 cm x 30 cm
- Klebevlies (z. B. Vliesofix®), Rest
- Baumwollkordel in Natur, ø 4 mm, 2 m, und in Rot, ø 4 mm, 10 cm

LEUCHTTURM

- Stoff 1: Waffelpiqué in Weiß, 25 cm x 35 cm
- Stoff 2: Baumwollstoff mit Fischgrätwebung in Rot, 25 cm x 35 cm
- Baumwollstoff mit Fischgrätwebung in Blau, Rest
- Wollfilz in Rot, 7 cm x 2,5 cm
- Jersey in Natur, 15 cm x 10 cm, und in Gelb, Rest
- Volumenvlies, 3 cm stark, 25 cm x 30 cm
- aufbügelbare Gewebeeinlage (z. B. Vlieseline® H 250), 25 cm x 30 cm
- Klebevlies (z. B. Vliesofix®), ca. 25 cm x 25 cm
- Baumwollkordel in Natur, ø 4 mm, 2 m, und in Rot, ø 4 mm, 10 cm

STRANDHÄUSER

- Stoff 1: Waffelpiqué in Mineral und Hellblau sowie Feincord in Mint, 50 cm x 35 cm (pro Haus)
- Stoff 2 (Dachstreifen): Baumwollstoff mit Fischgrätwebung in Blau und Rot sowie Webstoff in Hellblau-Weiß gestreift, 35 cm x 7 cm (pro Haus)
- Wollfilz in Rot, 7 cm x 2,5 cm (pro Haus)
- Jersey in verschiedenen Farben und Mustern, Reste
- Volumenvlies, 3 cm stark, 25 cm x 35 cm (pro Haus)
- Klebevlies (z. B. Vliesofix®), Rest
- aufbügelbare Gewebeeinlage (z. B. Vlieseline® H 250), 25 cm x 35 cm (pro Haus)
- Baumwollkordel in Natur, ø 4 mm, 2 m (pro Haus), und in Rot, ø 4 mm, 10 cm (pro Haus)

Schnittmusterbogen B und C

NAHTZUGABEN

Die Schnittmuster enthalten bereits 1 cm Nahtzugabe (gestrichelte Linien).

ZUSCHNEIDEN

Alle Markierungen von den Schnittmustern auf die Stoffteile übertragen. Die Applikationsteile (Wal: 1x Auge, 1x Pupille; Schiff: 5x Wimpel; Leuchtturm: 1x Leuchtfeuer, 1x Tür, 2x Fenster; Strandhaus: je 1x Tür sowie Dekoelemente nach Wunsch) von den Schnittmustern auf Klebevlies abpausen und aus Jersey in den entsprechenden Farben und Mustern oder nach Wunsch zuschneiden (siehe S. 89).

WAL

Stoff 1

1x Walkörper

1x Walrückseite

2x Walflosse (gegengleich)

Stoff 2

1x Walmaul

Volumenvlies und Gewebeeinlage

Je 1x Walrückseite

SCHIFF

Stoff 1

2x Schiff (gegengleich)

Volumenvlies und Gewebeeinlange

Je 1x Schiff

LEUCHTTURM

Stoff 1

1x Leuchtturm

Stoff 2

1x Leuchtturm

1x unteres Segment

1x mittleres Segment

1x oberes Segment

Stoff 3

1x Dach

Volumenvlies und Gewebeeinlange

Je 1x Leuchtturm

STRANDHAUS (5X)

Stoff 1

1x Vorderseite

1x Rückseite

Stoff 2

2x Dachstreifen

Volumenvlies und Gewebeeinlage

Je 1x Rückseite

ANLEITUNG

WAL

1 Auge und Pupille markierungsgemäß auf den Walkörper applizieren (siehe S. 89).

2 Die Zuschnitte für die Flosse rechts auf rechts zusammennähen, dabei die Wendeöffnung offen lassen. Nahtzugaben zurückschneiden und Flosse auf rechts wenden. Gut ausformen und bügeln.

3 Die Flosse markierungsgemäß rechts auf rechts auf dem Walkörper positionieren und innerhalb der Nahtzugabe mit einer Heftnaht fixieren.

4 Die Steppnähte markierungsgemäß auf das Walmaul setzen. Das Walmaul rechts auf rechts an den Walkörper nähen, dabei die Flosse mitfassen. Nahtzugaben auseinanderbügeln und die Flosse in Richtung Maul legen. Die Naht knappkantig absteppen.

5 Ein 15 cm langes Kordelstück schneiden, zu drei Schlaufen legen und markierungsgemäß rechts auf rechts mit einer Heftnaht innerhalb der Nahtzugabe auf dem Walkörper fixieren.

6 Vier 50 cm lange Kordelstücke schneiden, zur Hälfte legen und mit den offenen Enden nach außen rechts auf rechts an den unteren Ecken, an der Kopfrundung und kurz unter der Schwanzflosse auf dem Walkörper fixieren.

7 Die Gewebeeinlage auf die linke Seite der Walrückseite bügeln. Walkörper und Walrückseite rechts auf rechts legen. Den Zuschnitt aus Volumenvlies darüberlegen. Die Lagen feststecken und rundherum zusammennähen, die Wendeöffnung offen lassen. Nahtzugaben zurück- und an den Rundungen einschneiden. Wal auf rechts wenden und sorgfältig ausformen. Den Wal rundherum knappkantig absteppen, dabei die Wendeöffnung schließen.

SCHIFF

1 Die Gewebeeinlage auf die linke Stoffseite eines Schiffzuschnitts bügeln.

2 Die Wimpel markierungsgemäß auf einen Schiffzuschnitt applizieren (siehe S. 89).

3 Den Volumenvlieszuschnitt auf die linke Stoffseite des Schiffzuschnitts mit der Wimpelkette stecken. Die Stepplinien markierungsgemäß von rechts nähen, das Volumenvlies dabei mitfassen.

4 Das rote Kordelstück zur Schlaufe legen und auf der rechten Stoffseite oben an der Segelspitze auf einem der beiden Schiffzuschnitte fixieren.

5 Vier 50 cm lange Kordelstücke schneiden, zur Hälfte legen und an den unteren und oberen Ecken rechts auf rechts auf dem Schiff fixieren.

6 Die Schiffzuschnitte rechts auf rechts, den Zuschnitt aus Volumenvlies darüberlegen. Alle Lagen sorgfältig feststecken und rundherum zusammennähen, die Wendeöffnung offen lassen. Nahtzugaben zurück- und an den Rundungen einschneiden. Das Schiff auf rechts wenden und sorgfältig ausformen. Das Schiff rundherum knappkantig absteppen, dabei die Wendeöffnung schließen.

7 Für das Fähnchen den Wollfilzstreifen durch die Kordelschlaufe ziehen, zur Hälfte falten und von rechts in Form eines Fähnchens mit zwei Zacken abnähen. Das Fähnchen knappkantig ausschneiden.

LEUCHTTURM

1 Die Gewebeeinlage auf die linke Stoffseite des Leuchtturmzuschnitts aus Stoff 1 bügeln.

2 Die Linien für das Geländer auf der rechten Stoffseite des Leuchtturmzuschnitts mit Geradstich in Kontrastfarbe nachnähen.

3 Am oberen und mittleren Segment die Nahtzugaben an Ober- und Unterkante auf links bügeln. Die Segmente markierungsgemäß auf dem Leuchtturmzuschnitt aus Stoff 1 positionieren und an Ober- und Unterkante annähen.

4 Am unteren Segment die Nahtzugabe an der Oberkante und am Dach die Nahtzugabe der Unterkante auf links bügeln. Beide Teile markierungsgemäß an den umgebügelten Kanten auf den Leuchtturm nähen.

5 Leuchtfeuer, Fenster und Tür gemäß Markierung auf Dach und Segmente applizieren (siehe S. 89).

6 Das rote Kordelstück zur Schlaufe legen und auf der rechten Stoffseite an der Dachspitze eines Leuchtturmzuschnitts fixieren.

7 Vier 50 cm lange Kordelstücke schneiden, zur Hälfte legen und an den unteren und oberen Ecken rechts auf rechts auf dem Leuchtturm fixieren.

8 Die Leuchtturmzuschnitte rechts auf rechts, darüber den Zuschnitt aus Volumenvlies legen. Alle Lagen feststecken und rundherum zusammennähen, dabei die Wendeöffnung offen lassen. Nahtzugaben zurück- und an den Rundungen einschneiden. Den Leuchtturm wenden und sorgfältig ausformen. Die Wendeöffnung von Hand schließen.

9 Das Fähnchen wie beim Schiff in Schritt 7 beschrieben nähen.

STRANDHAUS (5X)

1 Die Gewebeeinlage auf die linke Stoffseite des Rückseitenzuschnitts bügeln.

2 Einen Dachstreifen rechts auf rechts an die erste Dachschräge des Vorderseitenzuschnitts nähen. Den zweiten Streifen an die zweite Schräge nähen. Das Haus entlang der Mittellinie rechts auf rechts zur Hälfte legen und die beiden Dachstreifenenden in Verlängerung der Mittellinie zusammennähen. Nahtzugabe auseinanderbügeln und am Haus nach oben legen.

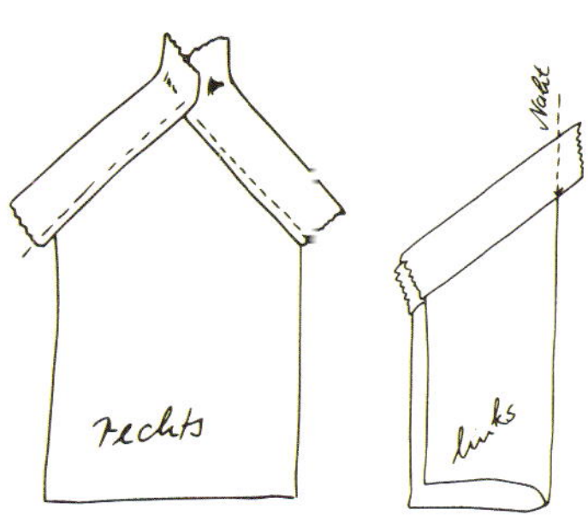

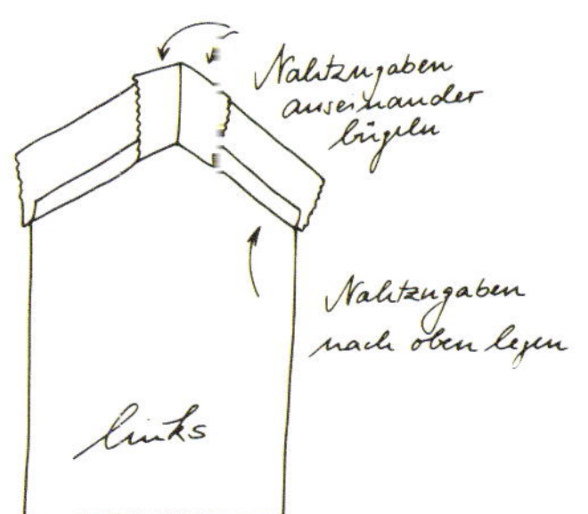

3 Die gewünschten Motive auf die rechte Stoffseite der Hausvorderseite applizieren (siehe S. 89).

4 Das rote Kordelstück zur Schlaufe legen und auf der rechten Stoffseite der Vorderseite an der Dachspitze fixieren.

5 Vier 50 cm lange Kordelstücke schneiden, zur Hälfte legen und an den unteren und oberen Ecken rechts auf rechts auf der Vorderseite fixieren.

6 Vorder- und Rückseite des Hauses rechts auf rechts, darüber den Zuschnitt aus Volumenvlies legen. Alle Lagen feststecken und rundherum zusammennähen, dabei die Wendeöffnung offen lassen. Nahtzugaben zurück- und an den Ecken einschneiden. Das Haus wenden, sorgfältig ausformen und knappkantig absteppen, dabei die Wendeöffnung schließen.

7 Das Fähnchen wie beim Schiff in Schritt 7 beschrieben nähen.

HINWEIS

Beim Anbringen des Bettnestchens sollte ein Zwischenraum zur Matratze bleiben, damit Luft zirkulieren kann.

Ahoi

Mobile

FÜR BABYBETT UND WICKELTISCH

GRÖẞE

Schiff: 9 cm x 7 cm

MATERIAL

- Stoff 1: Wollfilz in Grau, Natur und Hellblau, je 25 cm x 20 cm (pro Schiff)
- Stoff 2: Wollfilz in Rot, 1,5 cm x 4 cm (pro Schiff)
- 9 Holzperlen in Natur, ø 6 mm
- 9 Holzknöpfe mit Ankerbohrung, ø 12 mm
- transparenter Nylonfaden, 4–5 m
- Treibholzstücke oder Mobilekreuz

Schnittmusterbogen B

NAHTZUGABEN

Die Schnittmuster enthalten bereits 7 mm Nahtzugabe.

ZUSCHNEIDEN

Die Angaben sind für ein Schiffchen; für das Mobile alle Stoffteile neunfach zuschneiden. Nach dem Zuschneiden die Position der Ziernähte mit Trickmarker oder Schneiderkreide vom Schnittmuster auf die Stoffteile übertragen.

Stoff 1

1x Außenseite im Stoffbruch

1x Innenseite im Stoffbruch

2x Segel

Stoff 2

1x Fähnchen, 1,5 cm x 4 cm

ANLEITUNG

1 Die Schnittteile für das Segel links auf links an den geschwungenen Kanten aufeinandersteppen, die unteren Kanten bleiben offen. Nahtzugaben etwas zurückschneiden.

2 Den Zuschnitt für die Außenseite an der schmalen Seite rechts auf rechts zusammennähen. Nahtzugaben auseinanderlegen. Entlang der Oberkante rundherum von rechts absteppen. Das Schiff wenden, so dass die rechte Stoffseite nach außen zeigt.

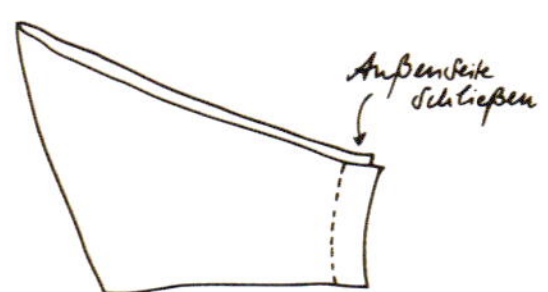

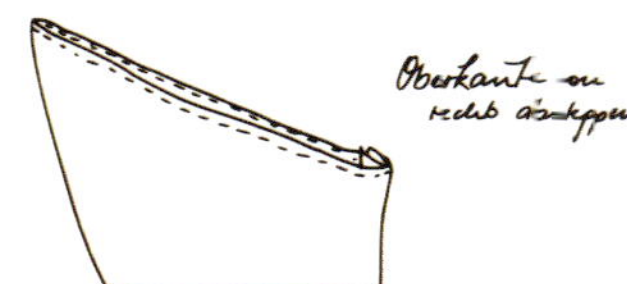

3 Den Zuschnitt für die Innenseite entlang der Oberkante absteppen. Die Innenseite links auf links im Stoffbruch falten. Das Segel in das Teil hineinlegen, so dass es an den Bruch stößt und die Unterkanten von Segel und Innenseite bündig aufeinandertreffen. Alle Stofflagen sorgfältig fixieren, ggf. heften.

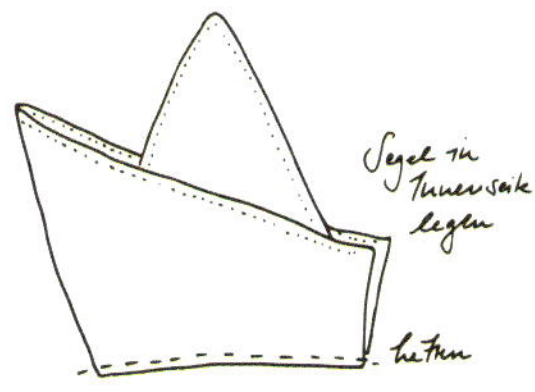

4 Segel und Innenseite so in die vorbereitete Außenseite schieben, dass die Stoffbruchkante der Innenseite auf die schmale Seite der Außenseite trifft. Die Unterkanten aller Teile treffen aufeinander. Die Stofflagen an der unteren Kante zusammensteppen. Nahtzugaben zurückschneiden. Den Holzknopf annähen.

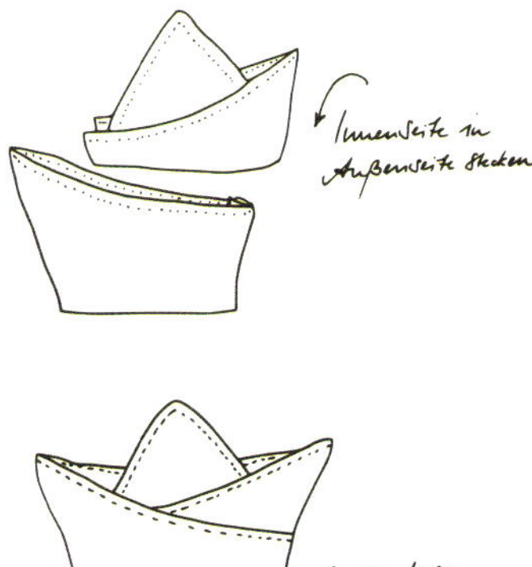

5 Für das Fähnchen den roten Filzstreifen links auf links zur Hälfte legen und an der Bruchkante ein Dreieck nähen. Nahtzugaben zurückschneiden.

6 Den Nylonfaden an das Segel nähen. Fähnchen und Holzperle auffädeln.

7 Die restlichen acht Schiffchen genauso arbeiten. Die Länge der Nylonfäden anpassen und die Fäden an ein Mobilekreuz oder Treibholzstücke knoten.

HINWEIS

Das Mobile unbedingt so aufhängen, dass das Baby es nicht erreichen kann. Durch die Schnüre besteht Strangulationsgefahr!

Varianten

VON DER SPIELUHR ZUM ENTDECKERKISSEN

Ohne das Spielwerk gibt der Wal ein hübsches Kissen ab. Die Schritte zum Nähen sind dieselben wie in der Anleitung für die Spieluhr beschrieben. Einzig das Loch für die Schnur am Maul entfällt in dieser Variante. Zum Spielgefährten wird der Wal, wenn zusätzlich zum Volumenvlies zwei Lagen Knisterfolie in die Flosse und statt einer Spieluhr eine Rassel oder Quietsche in den Bauch eingenäht werden.

MARITIMES FÜR DEN SPIELEBOGEN

Die Schiffe des Mobiles geben auch einzeln eine gute Figur ab. Wenn beim Zusammennähen der Segelteile eine zur Schlaufe gelegte Kordel an die Spitze genäht wird, lassen sich die Schiffchen zum Beispiel an einen Spielebogen hängen. Alternativ ergeben drei solcher Schiffchen auf eine Gummikordel gefädelt eine individuelle Kinderwagenkette.

KLEINER GREIFLING STATT GROßER WAL

Als Dreingabe enthält der Schnittbogen die Schnittteile für den Wal in Mini-Ausführung als Greifling. Genäht wird er nach der Anleitung für die Spieluhr. Einzig das Applizieren des Auges entfällt. Das Wenden der kleinen Version erfordert etwas Fingerspitzengefühl. Nach dem Schließen der Wendeöffnung werden die Augen noch von Hand im Knötchenstich aufgestickt.

Sechster Monat

Der Schwangerschaftsbauch ist im sechsten Monat deutlich zu erkennen. Diese Wohlfühlzeit ist perfekt, um sich ein größeres Nähprojekt wie eine weich gepolsterte Krabbeldecke vorzunehmen. Sie wird die erste Spielwiese für das Baby sein. Wegen der einzelnen Wellen ist die Decke ein etwas aufwendigeres Projekt. Dafür lassen sich prima Stoffreste verarbeiten. Die Wellen der Krabbeldecke sind mit Volumenvlies gepolstert und so gestaltet, dass sie sich umlegen lassen. Unter manchen sind kleine Schlaufen eingenäht, in die man Spielzeug binden kann. So hat das Baby immer wieder Neues zu entdecken, während die Polsterung auf dem Fußboden für einen idealen Kälteschutz sorgt.

In der ersten Zeit mit Baby sind die kleinen Schiffskissen eine hübsche Deko im Kinderzimmer. Kleine Dinge wie ein Schnuller oder ein Kuscheltuch lassen sich im Schiff aufbewahren. Wächst das Baby, wird das Schiffchen interessant als Kuschelkissen, das bis in die Kindergartenzeit zum treuen Begleiter werden kann.

Tasten, greifen und hören sind die ersten Spiele des Babys. Oft lieben es die Kleinen, die Etiketten an der Kleidung zu untersuchen. Dieses Interesse ist in die Idee für ein Knistertuch eingeflossen. Das Tuch eignet sich zum Guck-guck-Versteckspiel und regt durch sein Geknister die Babyhändchen zu immer neuen Knüllversuchen an. Man kann es immer dabeihaben und einstecken wie ein Taschentuch.

Krabbeldecke

MIT WELLEN UND SCHIFF

GRÖßE

70 cm x 100 cm

MATERIAL

- Stoff 1: verschiedene Baumwollweb- und Leinenstoffe in Blau, Grau und Mint, für alle Wellen insgesamt 150 cm x 180 cm (30 cm x 15 cm pro kleine Welle; 48 cm x 16 cm pro große Welle)
- Stoff 2: Baumwollstoff mit Fischgrätwebung in Rot, 150 cm x 105 cm
- Stoff 3: Baumwollwebstoff in Hellblau mit weißen Pünktchen, 70 cm x 130 cm
- Stoff 4: Jersey in Marine, Rest
- Vlieseinlage 1: Volumenvlies, 3 cm stark, 70 cm x 100 cm
- Vlieseinlage 2: Volumenvlies, 1 cm stark, 90 cm x 170 cm
- Webband in Beige, 10 mm breit, 32 cm
- Baumwollkordel in Natur, ø 4 mm, 8 cm
- Spielzeug (z.B. Steuerrad, Anker, Fisch) nach Wunsch zum Anknoten

Schnittmusterbogen B

NAHTZUGABEN

Die Schnittmuster enthalten bereits 1 cm Nahtzugabe (gestrichelte Linien).

ZUSCHNEIDEN

Stoff 1
42x große Welle
42x kleine Welle

Stoff 2
1x Rückseite, 72 cm x 102 cm
2x Schiff
2x Einfassstreifen kurze Seite
2x Einfassstreifen lange Seite

Stoff 3
20x Zwischenstreifen

Stoff 4
1x Fähnchen, 8 cm x 2,5 cm

Vlieseinlage 1
1x Rückseite, 70 cm x 100 cm

Vlieseinlage 2
1x Schiff
21x große Welle
21x kleine Welle

ANLEITUNG

1 Zwei Wellenzuschnitte rechts auf rechts aufeinanderlegen. Darüber einen passenden Zuschnitt aus Volumenvlies stecken. Alle Stofflagen zusammennähen, dabei die untere Kante offen lassen. Nahtzugaben zurückschneiden. Die Welle auf rechts wenden und in Form bügeln. Die restlichen Wellen genauso nähen. Es sollen 21 große und 21 kleine Wellen sein.

2 Für das Schiff die Kordel zur Schlaufe legen und markierungsgemäß auf die rechte Stoffseite eines Schiffzuschnitts heften, die Schlaufe liegt dabei auf dem Stoff. Die Schiffzuschnitte rechts auf rechts aufeinanderlegen, die Kordelschlaufe liegt zwischen den Teilen. Darüber den Volumenvlieszuschnitt stecken. Alle Stofflagen zusammennähen, dabei die untere Kante offen lassen. Nahtzugaben zurückschneiden. Das Schiff wenden und in Form bügeln. Die Ziernähte vom Schnittmuster übertragen und in Kontrastfarbe mit Geradstich nachnähen.

3 Den Streifen für das Fähnchen durch die Kordelschlaufe ziehen, zur Hälfte falten und von rechts in Form eines dreieckigen Fähnchens abnähen. Das Fähnchen knappkantig ausschneiden.

4 Die Wellen farblich passend anordnen: Auf jeden Zwischenstreifen passen entweder drei große Wellen nebeneinander oder zwei kleine und zwei große. Darauf achten, dass die Wellen versetzt angeordnet sind. Nun mit dem Nähen der Streifen beginnen: Zunächst drei große Wellen rechts auf rechts so auf den ersten Zwischenstreifen heften, dass die Unterkanten von Wellen und Streifen aufeinandertreffen. Dabei die Wellen immer mit 1,5 cm Abstand zu den kurzen Kanten des Streifens positionieren, damit Platz für den Einfassstreifen bleibt. Den zweiten Streifen rechts auf rechts auf den ersten legen und die Streifen an den Unterkanten zusammennähen. Die Wellen liegen dabei zwischen den Stoffstreifen. Streifen aufklappen, Wellen nach oben legen und die Nahtzugaben auf der Rückseite auseinanderbügeln. Die nächsten vier Wellen in der gewählten Anordnung auf den unteren Streifen heften und wie beschrieben fortfahren, bis alle 42 Wellen verteilt und alle 20 Zwischenstreifen aneinandergenäht sind. In den zwölften Streifen eine große, zwei kleine Wellen und das Schiff nähen. Bei den Streifen 2,5,7 und 16 vor dem Zusammenstecken jeweils 8 cm Webband zur Schlaufe legen und unter einer der Wellen annähen.

5 An den kurzen und langen Seiten des in Schritt 4 entstandenen Rechtecks sowie an den vier Einfassstreifen die Mitte markieren. Die Einfassstreifen rechts auf rechts gemäß Markierungen annähen. Die überstehenden Streifenenden rechts auf rechts im 90-Grad-Winkel aufeinanderlegen. Dabei entsteht eine diagonale Falte auf der Stoffrückseite. Diese Falte von links so abnähen, dass eine diagonal zulaufende Ecke entsteht. Nahtzugabe zurückschneiden und auseinanderbügeln. Die restlichen drei Ecken ebenso abnähen.

6 Die Deckenvorderseite rechts auf rechts auf die Rückseite stecken. Den Volumenvlieszuschnitt obenauf legen und die Stofflagen rundherum zusammennähen, dabei eine 30 cm lange Wendeöffnung lassen. Nahtzugaben an den Ecken einschneiden. Die Decke auf rechts wenden. Die Wendeöffnung von Hand schließen. Die Decke in Form ziehen und bügeln.

7 Die Decke absteppen, damit sich die Stofflagen und das Volumenvlies miteinander verbinden und sich die Decke später in der Maschine waschen lässt. Dafür von rechts entlang der Nähte der Einfassstreifen und der Zwischenstreifen im Nahtschatten nähen.

8 Nach Wunsch Spielzeug (z.B. Steuerrad, Anker, Fisch) an die eingenähten Webbänder knoten.

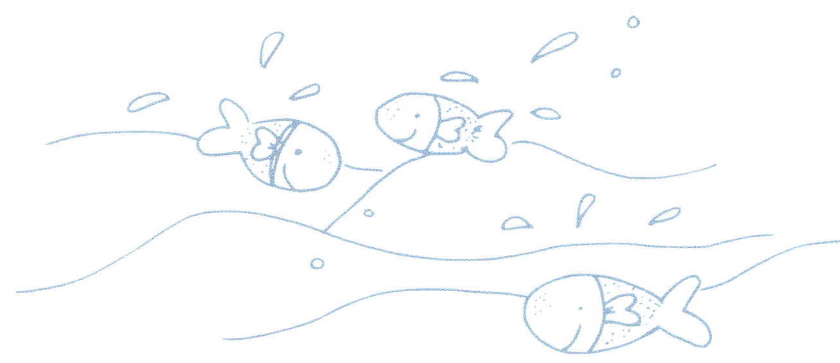

Schiffkissen

ZUM KUSCHELN UND SPIELEN

GRÖẞE

28 cm x 24 cm

MATERIAL

- Stoff 1: Baumwollstoff mit Fischgrätwebung in Blau oder Rot, 60 cm x 50 cm
- Stoff 2: Baumwollstoff in Weiß-Rot gepunktet oder Blau-Weiß gepunktet, 40 cm x 40 cm
- Stoff 3: Sweatstoff in Rot, 7 cm x 3 cm
- Vlieseinlage: Volumenvlies, 95 cm x 50 cm
- Baumwollkordel in Natur, ø 4 mm, 85 cm
- Webband in Rot-Weiß oder Natur, 15 mm breit, 32 cm
- 3 Holzperlen in Natur
- Holzknopf mit Ankerbohrung, ø 1,5 cm

Schnittmusterbogen D

NAHTZUGABEN

Die Schnittmuster enthalten 1 cm Nahtzugabe (gestrichelte Linien).

ZUSCHNEIDEN

Nach dem Zuschneiden alle Markierungen vom Schnittmuster auf die Stoffteile übertragen.

Stoff 1
2x Außenschiff
2x Segel

Stoff 2
2x Innenschiff

Stoff 3
1x Wimpel

Vlieseinlage
2x Außenschiff
2x Innenschiff
2x Segel

ANLEITUNG

1 Ein 10 cm langes Kordelstück zurechtschneiden, zur Schlaufe legen und markierungsgemäß auf die rechte Stoffseite eines Segelzuschnitts heften. Die Enden der Kordel ragen aus dem Teil heraus. Die Segelzuschnitte rechts auf rechts legen, die entsprechenden Volumenvlieszuschnitte zuunterst und zuoberst legen. Alle vier Lagen zusammennähen, die innenliegende Kordelschlaufe dabei mitfassen und die untere Kante offen lassen.

2 Die Nahtzugaben am Volumenvlies bis kurz vor die Naht zurückschneiden, am Stoff einschneiden, ohne die Naht zu beschädigen. Segel auf rechts wenden und gut ausformen. Die Öffnung mit Zickzackstich versäubern und dabei verschließen.

3 Für das Außenschiff jeweils einen Stoffzuschnitt auf den passenden Volumenvlieszuschnitt stecken. Für die Linien in Faltbootoptik beide Lagen markierungsgemäß in Kontrastfarbe absteppen.

4 Vier 8 cm lange Webbandstücke zurechtschneiden und markierungsgemäß auf die rechte Stoffseite der Außenschiffzuschnitte nähen. Anschließend das Band zur Schlaufe legen und innerhalb der Nahtzugabe an die obere Schiffkante heften.

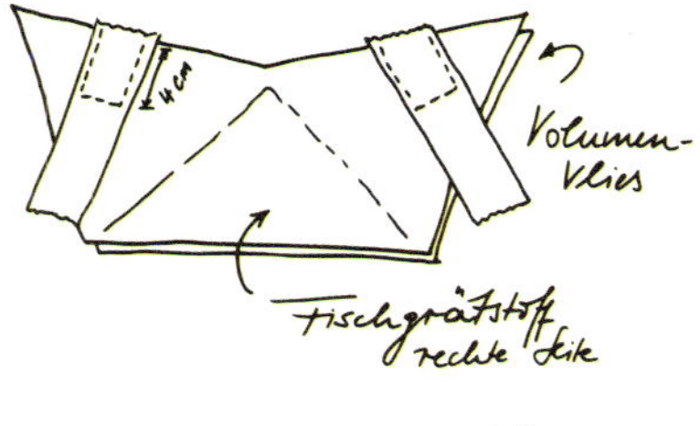

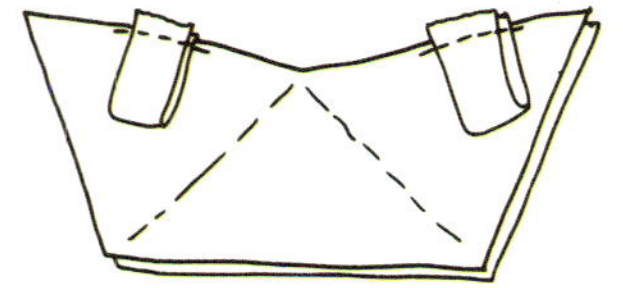

5 Für das Innenschiff jeweils einen Stoff- und einen Volumenvlieszuschnitt aufeinanderstecken und gemäß Markierungslinie von rechts absteppen.

6 Jeweils ein Außenschiff- und ein Innenschiffteil rechts auf rechts aufeinanderstecken und entlang der Oberkante zusammennähen. Nahtzugaben einschneiden und auseinanderbügeln.

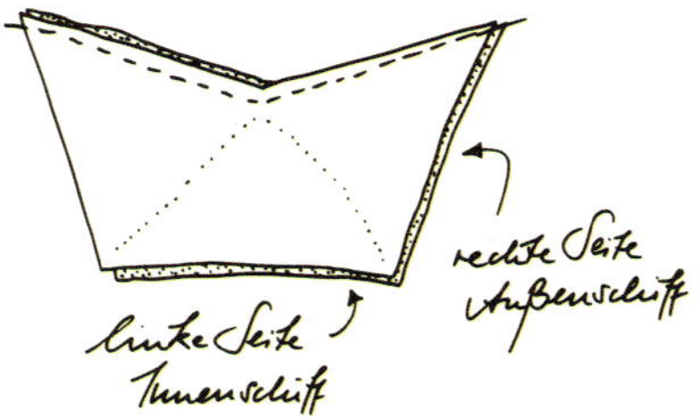

7 Beide miteinander verbundenen Außen- und Innenschiffteile rechts auf rechts aufeinanderstecken und an der Unterkante des Innenschiffs beginnend rundherum zusammennähen. Die Unterkante des Innenschiffs bleibt offen. Nahtzugaben einschneiden und auseinanderbügeln. Das Schiff auf rechts wenden. Ecken sorgfältig ausformen.

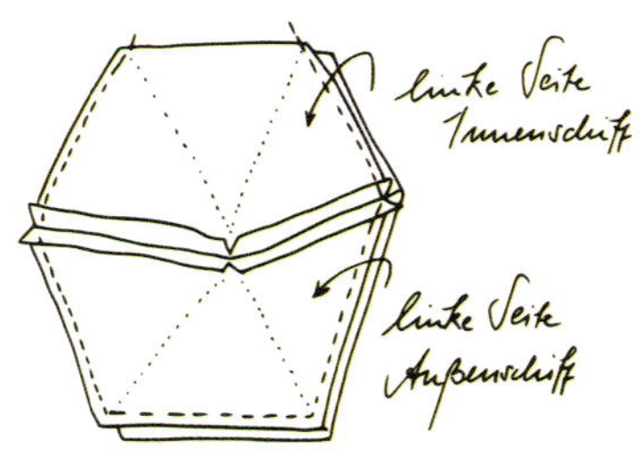

8 Das Segel rechts auf rechts so auf dem Innenschiff positionieren, dass die Unterkanten beider Teile aufeinandertreffen. Entlang der offenen Kanten aufeinandersteppen. Nahtzugabe mit Zickzackstich versäubern.

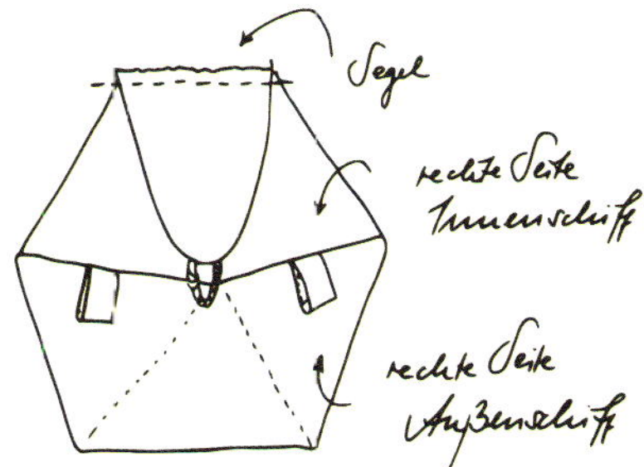

9 Das Innenschiff so in das Außenschiff schieben, dass das Segel im Schiff sitzt. Den Wimpel um die Schlaufe legen und rundherum von rechts absteppen.

10 Die Perlen auf die Kordel fädeln. Kordel in die Webbandschlaufen fädeln und stilecht mit einem Kreuzknoten (siehe Illustration) verschließen. Zum Schluss den Knopf annähen.

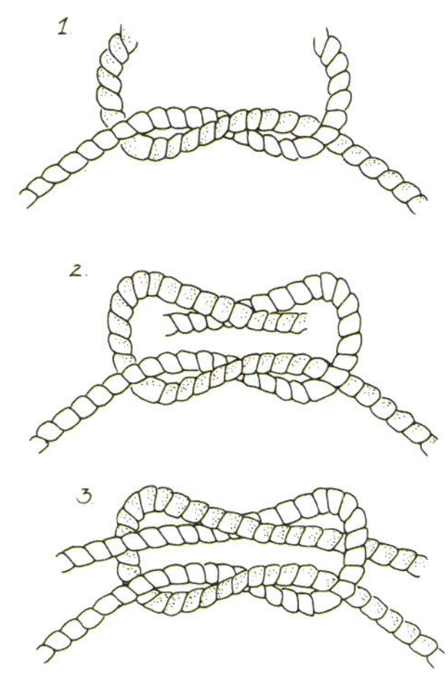

Knistertuch

ZUM TASTEN, GREIFEN UND HÖREN

GRÖẞE

20 cm x 20 cm

MATERIAL

- Stoff 1: Webstoff in Weiß-Blau mit kleinen Ankern, 30 cm x 50 cm
- Stoff 2: Baumwollflanell mit Fischgrätwebung in Blau, 30 cm x 25 cm
- Stoff 3: Jersey in Rot-Weiß geringelt, 20 cm x 1 cm
- Webband in Rot, 15 mm breit, 12 cm
- Webbänder in Blau-Weiß, Rot-Weiß, Blau mit Ankermuster und Beige, 20 mm breit, je 5–10 cm
- Baumwollkordel in Natur, ø 4 mm, 20 cm, und in Rot, ø 4 mm, 5 cm
- 1 Holzring oder fertiger Rettungsring, ø 3 cm
- Knisterfolie, 20 cm x 20 cm

Schnittmusterbogen C

NAHTZUGABEN

Die Schnittmuster enthalten bereits 1 cm Nahtzugabe (gestrichelte Linien).

ZUSCHNEIDEN

Alle Markierungen vom Schnittmuster auf den Stoff übertragen.

Stoff 1
2x Tuch
2x Zipfel (gegengleich)

Stoff 2
3x Schiff
2x Segel

Stoff 3
1x Streifen, 20 cm x 1 cm

ANLEITUNG

1 Einen Zuschnitt für das Schiff rechts auf rechts auf einen Tuchzuschnitt legen. Die Oberkante des Schiffs trifft auf die im Schnittmuster angegebene Markierungslinie, die schmale Unterkante des Schiffs zeigt ins Innere des Tuchs. Das Schiff entlang der Linie annähen.

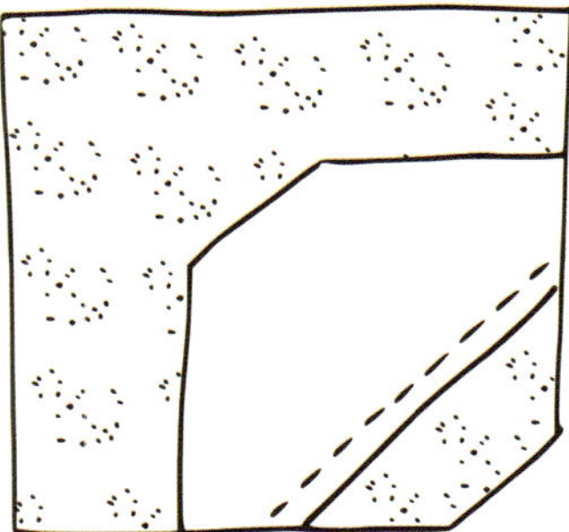

2 Den Schiffzuschnitt nach unten klappen, sodass die linke Stoffseite auf die rechte Stoffseite des Tuchs trifft und die äußeren Kanten der beiden Teile bündig aufeinandertreffen. Die Bruchkante von rechts absteppen.

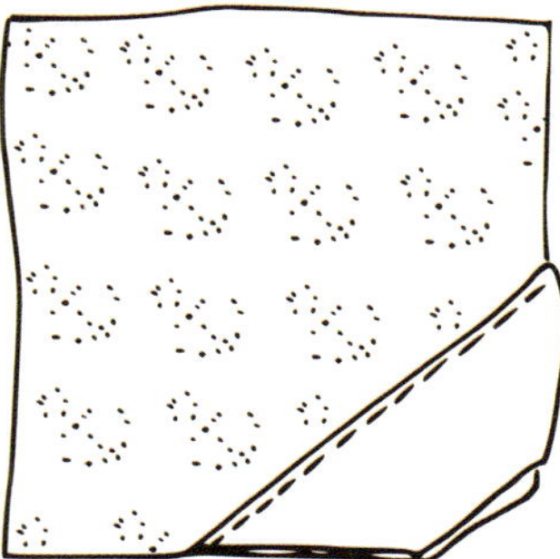

3 Die Segelzuschnitte rechts auf rechts aufeinanderlegen. Die rote Baumwollkordel zur Schlaufe legen und an der Spitze des Segels zwischen den Stofflagen fixieren, die offenen Enden zeigen nach außen. Die Segelteile zusammennähen, dabei die Schlaufe mitfassen und die untere Kante offen lassen. Die Nahtzugaben rundherum einschneiden. Das Segel wenden und mit der Unterkante auf dem Tuch gemäß Abbildung fixieren.

4 Zwei 6 cm lange Stücke rotes Webband zurechtschneiden, zur Schlaufe legen und markierungsgemäß an der Oberkante des zweiten Schiffzuschnitts fixieren. Den dritten Schiffzuschnitt rechts auf rechts darüberlegen und beide Teile entlang der Oberkante zusammennähen, dabei die Schlaufen mitfassen.

5 Das Schiff wenden und markierungsgemäß von rechts absteppen. Kordel in Natur durch die Laschen fädeln, die Enden innerhalb der Nahtzugabe auf dem Schiff fixieren.

6 Das Schiff auf dem bereits genähten Tuchzuschnitt positionieren, so dass das Segel zwischen den beiden Schiffteilen liegt. Innerhalb der Nahtzugabe heften.

7 Die Zuschnitte für den Zipfel rechts auf rechts zusammennähen, die Wendeöffnung offen lassen. Nahtzugaben zurückschneiden. Das Teil auf rechts wenden.

8 Den Jerseystreifen dehnen, dabei rollen sich die langen Kanten ein und eine „Jerseynudel" entsteht.

9 Jerseynudel und die 5–10 cm langen Webbänder zur Schlaufe legen. Mit dem Zipfel gemäß Skizze auf dem Knistertuch positionieren und heften. Den Holzring auf eine Webbandschlaufe fädeln und ebenfalls auf dem Tuch fixieren.

10 Den zweiten Tuchzuschnitt rechts auf rechts auf dem vorbereiteten Zuschnitt fixieren. Die Knisterfolie etwas durchlöchern, damit das Knistertuch später atemdurchlässig bleibt und ein sicheres Spielzeug wird, und zuoberst auf den Tuchzuschnitt legen. Alle Lagen fixieren und rundherum zusammennähen, die Wendeöffnung offen lassen. Nahtzugaben an den Ecken zurückschneiden. Das Tuch wenden, die Ecken ausformen. Die Wendeöffnung von Hand schließen. In den Zipfel einen Knoten machen.

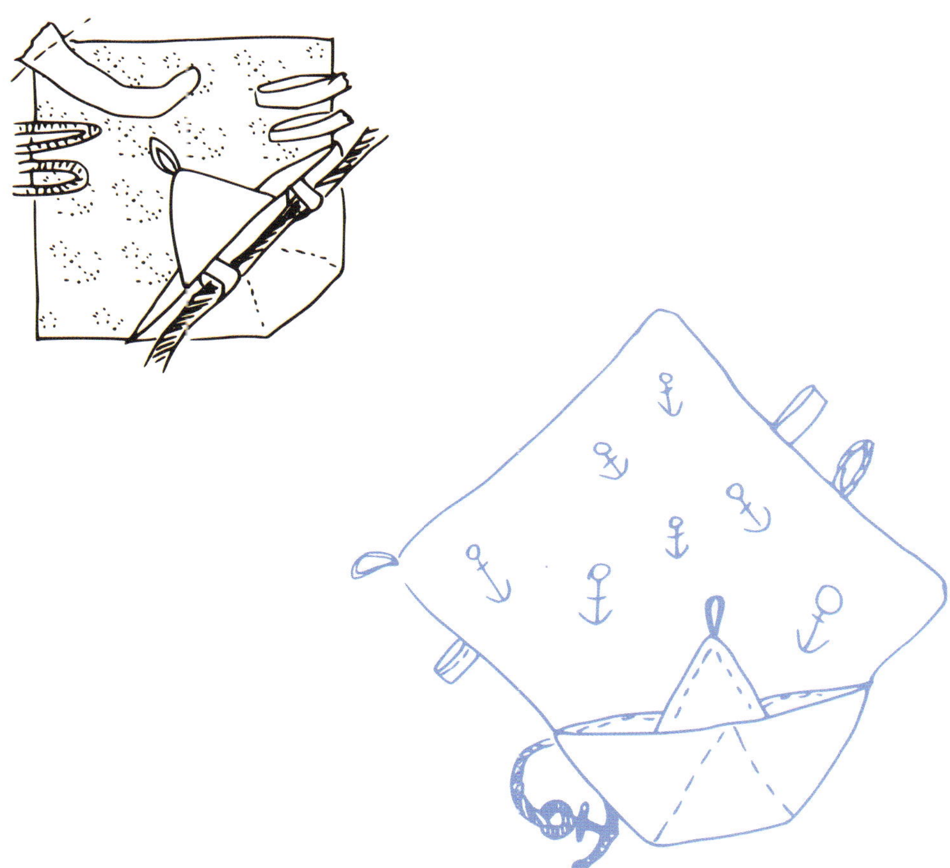

Varianten

KNISTERTUCH MIT DRUCKKNOPFLASCHE

Statt den Zipfel in Knoten zu legen, lässt sich an den Enden dieses Stoffstreifens auch ein Druckknopf anbringen. So ausgerüstet kann das Knistertuch an der Babyschale oder dem Kinderwagen befestigt werden und geht nicht mehr verloren.

WELLENDECKE MIT KNISTERELEMENTEN

Für noch mehr Entdeckerfreude können beim Zusammennähen einzelner Wellen ein bis zwei Lagen Knisterfolie mitgefasst werden.

Siebter Monat

Der siebte Schwangerschaftsmonat ist ein guter Zeitpunkt, um schon mal an die praktischen Dinge zu denken, die die Zeit nach der Geburt einfacher machen. Ist das Baby nämlich erst einmal auf der Welt, trägt man es häufig auf dem Arm – und nebenbei noch tausend Dinge, die das kleine Wesen unterwegs braucht. Gut, wenn der Wickelplatz praktisch eingerichtet ist!

Windeln und Läppchen müssen am Wickelplatz stets griffbereit sein. Als Ordnungshelfer übernimmt das Schiffchen zum Aufhängen gerne solche Organisationsaufgaben. In der Form ist es einem Papierboot nachempfunden und beherbergt in zwei Fächern alles, was zum schnellen Windelwechseln gebraucht wird. An seiner Rückseite befindet sich ein Umschlag, der mit Druckknöpfen befestigt wird. Mit dieser Lösung lässt sich das Utensilo unterschiedlich aufhängen. So kann man es sich zum Beispiel einfach an einen Kleiderbügel, aber auch an einen Ast oder ein Rundholz knöpfen.

Damit es das Baby auch beim Windelwechseln bequem hat, braucht es eine Auflage für den Wickeltisch. Sie polstert die Liegefläche. Viele solcher Auflagen im Handel bestehen aus einer wasserabweisenden Schicht und einem Polster im Inneren. Die hier gezeigte Variante ist deutlich nachhaltiger. Für die weiche Unterlage sorgt ein Bezug, in dem ein Kopfkissen oder eine zusammengelegte Kinderbettdecke steckt. Nach der Wickelzeit lassen sich Bezug und Innendecke einfach weiterverwenden.

Windelutensilo

FÜR DIE KAPITÄNE AM WICKELTISCH

GRÖßE

35 cm x 22 cm

MATERIAL

- Stoff 1: Baumwollstoff mit Fischgrätwebung in Rot, 85 cm x 65 cm
- Stoff 2: Baumwollwebstoff in Hellblau-Weiß gestreift, 85 cm x 40 cm
- Volumenvlies, 5 mm stark, 115 cm x 30 cm
- Baumwollkordel in Blau, ø 3 mm, 10 cm
- 2 Druckknöpfe
- Kleiderbügel, Ast oder Holzrundstab zum Aufhängen

Schnittmusterbogen B

NAHTZUGABEN

Die Schnittmuster enthalten bereits 1 cm Nahtzugabe (gestrichelte Linien).

ZUSCHNEIDEN

Für den Zuschnitt der Rückseite aus Volumenvlies das Schnittmuster an der Markierung knicken und nur den unteren, grau unterlegten Teil verwenden. Alle Markierungen von den Schnittmustern auf die Stoffteile übertragen.

Stoff 1

1x Rückseite

1x Windelfach außen

2x Segel

Stoff 2

1x Rückseite

2x Windelfach innen

2x Trennwand

Volumenvlies

1x Segel

1x Rückseite

1x Windelfach außen

ANLEITUNG

1 Volumenvlies auf die linke Stoffseite des Zuschnitts für das äußere Windelfach heften. Auf der rechten Stoffseite markierungsgemäß die Linien für den Papierboot-Look absteppen.

2 Die Schnittteile für die Trennwand rechts auf rechts rundherum zusammennähen, die Wendeöffnung offen lassen. Nahtzugaben zurückschneiden. Das Teil wenden, die Ecken sorgfältig ausformen. Bügeln.

3 Die Trennwand mit den offenen Kanten markierungsgemäß auf den ersten Zuschnitt für das innere Windelfach heften. Den zweiten Windelfachzuschnitt rechts auf rechts darüberlegen. Die Stofflagen entlang der langen Kante zusammennähen.

4 Das äußere Windelfach rechts auf rechts an das innere Windelfach stecken. Die Teile entlang der oberen Kante (A) zusammennähen. Nahtzugaben auseinanderbügeln, an den Ecken und in der Mitte der Kante einschneiden.

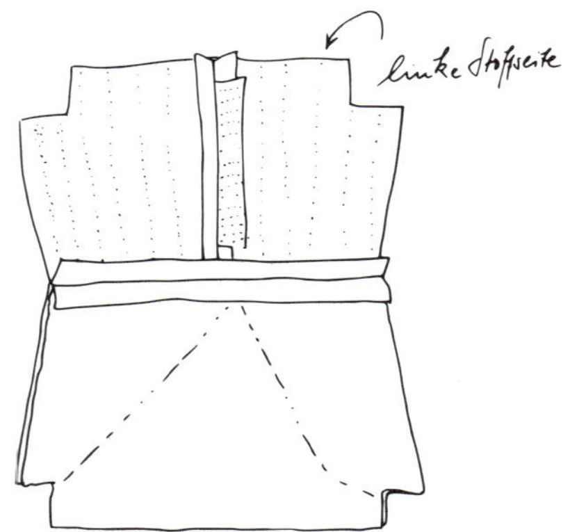

5 Am inneren und äußeren Windelfach jeweils die Kanten an den unteren, ausgesparten Ecken rechts auf rechts zusammennähen. Alles liegt korrekt, wenn die Kanten B, C und die Kanten D jeweils aufeinandertreffen. Wichtig: Diese Nähte jeweils 1 cm vor der äußeren Kante beginnen! Danach die Ecken ineinanderschieben, so dass das Windelfach seine finale Form erhält. Die obere Kante (A) von rechts füßchenbreit absteppen.

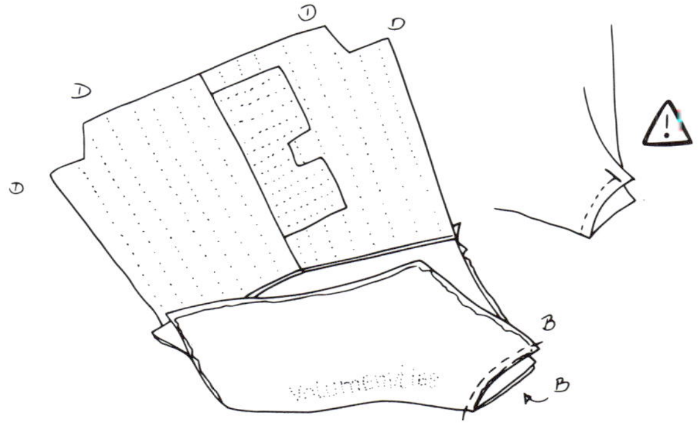

6 Die Baumwollkordel zur Schlaufe legen und markierungsgemäß an die Spitze des Segels stecken. Die Stoffzuschnitte für das Segel rechts auf rechts legen, den Segelzuschnitt aus Volumenvlies zuunterst legen. Die Teile rundherum zusammennähen, dabei die Kordelschlaufe mitfassen und die untere Kante offen lassen. Segel wenden und von rechts füßchenbreit absteppen.

7 Das Volumenvlies auf die linke Stoffseite des Rückseitenzuschnitts aus Stoff 2 stecken. Das Segel auf der rechten Stoffseite markierungsgemäß positionieren. Das Segel von der Unterkante bis zur Markierung aufsteppen, die Naht dabei auf die Absteppnaht setzen, damit sie nicht sichtbar ist.

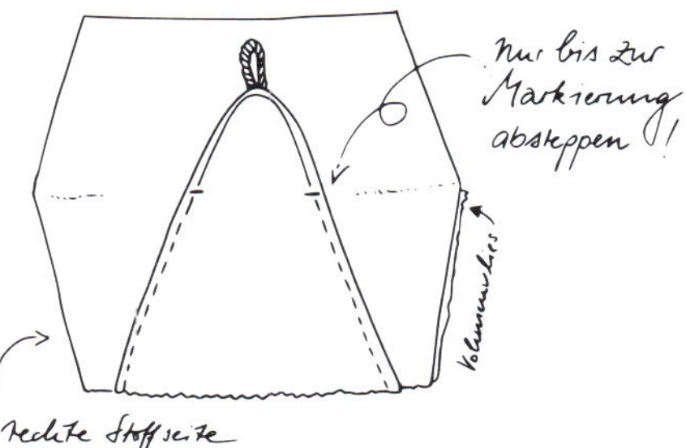

8 Auf dem Segel die Mitte markieren. Die Laschen der Trennwand markierungsgemäß auf das Segel nähen.

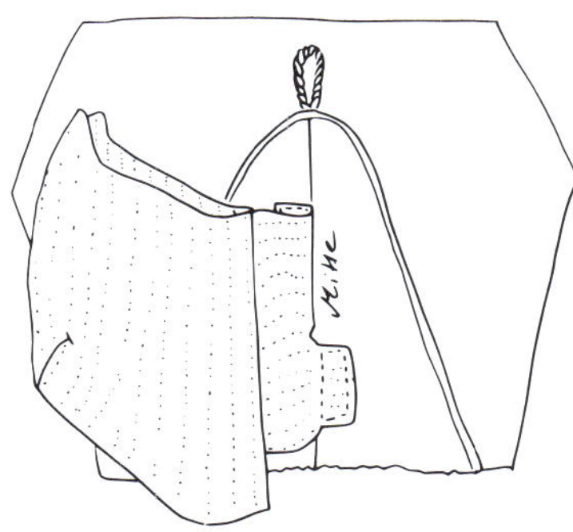

9 Das innere Windelfach entlang der Seitenkanten und der unteren Kante auf den Rückseitenzuschnitt stecken und innerhalb der Nahtzugabe heften.

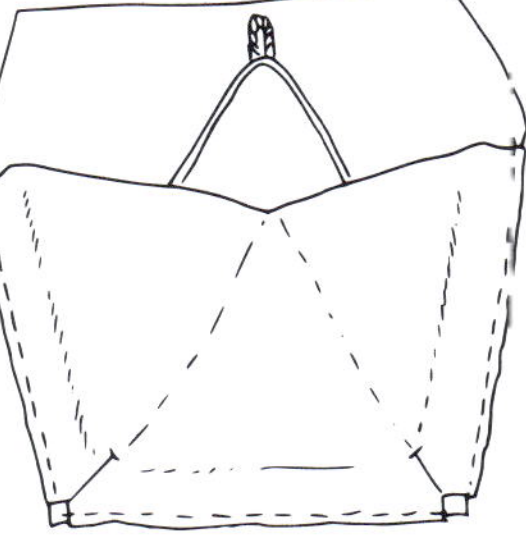

10 Den Rückseitenzuschnitt aus Stoff 1 rechts auf rechts auf der Rückseite aus Stoff 2 positionieren. Das Windelfach liegt dabei innen. Sorgfältig feststecken, dabei das Segel nach innen klappen, damit es beim Nähen nicht mitgefasst wird. Beide Teile rundherum zusammennähen, dabei die Wendeöffnung offen lassen.

11 Das Utensilo wenden und sorgfältig ausformen. Den oberen Bereich, der später zum Aufhängen umgeschlagen wird, füßchenbreit von rechts absteppen, dabei die Wendeöffnung schließen.

12 Das Segel nach vorn knicken und den hinteren Bereich entlang der Umschlaglinie absteppen. Das Segel anschließend wieder aufstellen.

13 Am Umschlag und der Utensilo-Rückseite markierungsgemäß die Druckknöpfe anbringen. Das Utensilo zum Schluss an Rundstab, Ast oder Kleiderbügel befestigen.

Wickeltischauflage

FÜR GUTE LAUNE BEIM WINDELWECHSEL

GRÖßE

75 cm x 70 cm (gesamt), 62 cm x 62 cm (Wal)

MATERIAL

- Stoff 1: Baumwollstoff mit Fischgrätwebung in Rot, 160 cm x 80 cm
- Stoff 2: Waffelpiqué in Hellblau, 145 cm x 70 cm
- Stoff 3: Waffelpiqué in Weiß, 65 cm x 30 cm
- Jersey in Weiß und Schwarz, Reste
- Klebevlies (z. B. Vliesofix®), 6 cm x 6 cm
- Klettverschluss, 2 cm breit, 72 cm
- Baumwollkordel in Rot, ø 4 mm, 30 cm
- Kopfkissen (80 cm x 80 cm) oder Kinderbettdecke (100 cm x 135 cm) zum Polstern

Schnittmusterbogen A–D

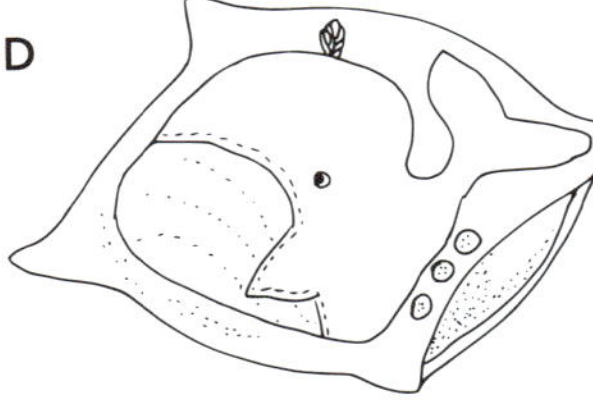

NAHTZUGABEN

Die Schnittmuster enthalten bereits 1 cm Nahtzugabe (gestrichelte Linien).

ZUSCHNEIDEN

Alle Markierungen von den Schnittmustern auf die Stoffteile übertragen. Die Applikationsteile (1x Auge, 1x Pupille) auf Klebevlies abpausen und aus Jersey in den entsprechenden Farben zuschneiden (siehe S. 89).

Stoff 1
1x Vorderseite
1x Rückseite oben
1x Rückseite unten

Stoff 2
1x Wal Rückseite
1x Wal Vorderseite
2x Walflosse (gegengleich)

Stoff 3
1x Walmaul

ANLEITUNG

1 Für den Bezug an der oberen Rückseite aus Stoff 1 die Unterkante und an der unteren Rückseite aus Stoff 1 die Oberkante mit Zickzackstich versäubern. Die Kanten 1 cm auf links umschlagen und feststeppen.

2 Die Klettverschlüsse für Vorder- und Rückseite des Bezugs entsprechend der Längen im Schnittmuster zurechtschneiden. Die Klettverschlussstücke teilen und gemäß Angaben im Schnittmuster auf die rechte Stoffseite der Vorderseite und der unteren Rückseite sowie die Innenseite der oberen Rückseite nähen.

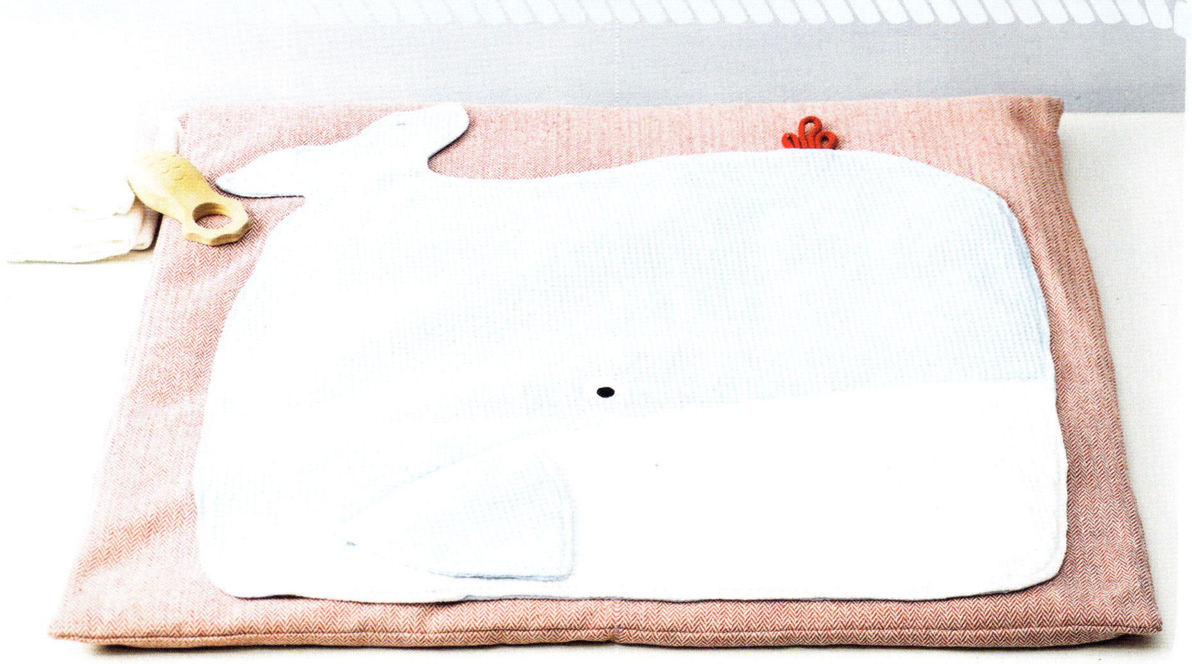

3 Obere und untere Rückseite mit den Klettverschlüssen verbinden, den Zuschnitt für die Vorderseite rechts auf rechts darüberlegen und die Teile rundherum zusammennähen. Nahtzugaben an den Ecken einschneiden. Den Bezug auf rechts wenden.

4 Für die Auflage die Klettverschlüsse für die Rückseite des Wals wie in Schritt 2 beschrieben zurechtschneiden. Die Stücke teilen und gemäß Markierungen und Angaben im Schnittmuster auf die rechte Stoffseite der Wal-Rückseite nähen.

5 Die Zuschnitte für die Flosse rechts auf rechts zusammennähen, die obere Seite bleibt offen. Nahtzugaben zurückschneiden. Wenden und von rechts füßchenbreit absteppen.

6 Die Flosse markierungsgemäß rechts auf rechts auf die Vorderseite des Wals heften.

7 Das Walmaul rechts auf rechts auf die Wal-Vorderseite stecken, die Stofflagen zusammennähen, dabei die Flosse mitfassen. Nahtzugaben auseinanderbügeln.

8 Die Kordel zu zwei kleinen und einer großen Schlaufe zusammenlegen. Markierungsgemäß auf die Wal-Vorderseite stecken.

9 Wal-Vorderseite und Wal-Rückseite rechts auf rechts zusammennähen, die Wendeöffnung offen lassen. Nahtzugaben zurückschneiden. Auf rechts wenden und ringsum füßchenbreit absteppen, dabei die Wendeöffnung schließen.

10 Die Flosse nach unten legen und die Naht zwischen Maul und Körper knappkantig absteppen.

11 Auge und Pupille applizieren (siehe S. 89) und den Bezug mit Kopfkissen oder hälftig zusammengelegtem Bezug polstern.

Varianten

WINDELUTENSILO MIT ANKER

Am fertigen Schiff eine Öse mit 1,5 cm Innendurchmesser anbringen. Den Anker vom Schnittmuster für das Kapuzenbadetuch als Schablone verwenden. Zwei Lagen Wollfilz aufeinanderlegen und darauf mit einem Trickmarker die Konturen des Ankers übertragen. Die Ankerteile entlang der Konturen zusammennähen, ausschneiden, eine Kordel durch das Loch fädeln und verknoten. Das Ende der Kordel von außen durch die Öse ziehen und im Inneren des Utensilos von Hand festnähen.

WASSERABWEISENDE AUFLAGE FÜR DEN WICKELTISCH

Für noch mehr Schutz kann die Rückseite der Wal-Auflage auch aus einem wasserabweisenden Stoff wie etwa beschichteter Baumwolle oder Wachstuch genäht werden. Aber Achtung: Die Qualität solcher Stoffe unterscheidet sich oft erheblich. Wichtig ist es, einen weichen Stoff zu verwenden, am besten aus Bio-Produktion. So ist sichergestellt, dass keine schädigenden Stoffe an die Haut des Babys gelangen.

Achter Monat

Die Schwangerschaft neigt sich langsam ihrem Ende entgegen. Viele Schwangere nehmen sich jetzt mehr Zeit für sich, gehen regelmäßig zu Schwangerschaftskursen, besuchen einen Geburtsvorbereitungskurs und bereiten sich auf die Geburt vor. Mit dem großen Bauch sitzt es sich nicht mehr sehr bequem an der Nähmaschine. Gut, dass Badetuch und Waschhandschuh schnell genäht sind.

Nach dem Baden hüllt das Kapuzenbadetuch das Baby kuschelig ein und wärmt sein Köpfchen sanft. Anders als klassische Badetücher wird unsere Variante aus Waffelpiqué genäht. Der Stoff ist herrlich weich, leicht und nimmt dennoch viel Feuchtigkeit auf. Beim Babyschwimmen oder auch am Strand lässt es sich platzsparender als ein Handtuch aus Frottee zusammenlegen. Damit die Freude an dem hübschen Stück lange hält, ist es extra ein bisschen größer bemessen. So passt es auch Kleinkindern noch und wird zum Lieblingsstück.

Viele Babys lieben es, zu baden. Für die ganz Kleinen ist das warme Wasser eine heimelige Erinnerung an die Zeit im Bauch. Für die Größeren ist es ein Riesenspaß. Der praktische Frotteefisch ist immer mit dabei und auch außerhalb der Wanne ein lustiges Spielzeug. Mama und Papa können ihn über ihre Hand ziehen und das Waschen zum fröhlichen Spiel werden lassen. An der Schlaufe lässt sich der Waschlappen zum Trocknen aufhängen.

Kapuzenbadetuch

AUS SAUGFÄHIGEM WAFFELPIQUÉ

GRÖßE

90 cm x 90 cm

MATERIAL

- Stoff 1: Waffelpiqué in Mineral, 90 cm x 120 cm
- Stoff 2: Streifenfrottee in Mineral, 30 cm x 30 cm
- Jersey in Rot-Weiß geringelt, 12 cm x 12 cm, und in Petrol, Rest
- Klebevlies (z. B. Vliesofix®), 15 cm x 15 cm
- Schrägband in Blau mit weißen Pünktchen, 4,5 m
- Webband mit Schiffmotiv in Blau, 10 mm breit, ca. 3 cm
- Baumwollkordel in Natur, ø 4 mm, 22 cm

Schnittmusterbogen C

NAHTZUGABEN

Das Schnittmuster enthält bereits 1 cm Nahtzugabe (gestrichelte Linie).

ZUSCHNEIDEN

Alle Markierungen vom Schnittmuster auf die Stoffteile übertragen. Die Applikationsteile (1x Anker, 1x Wimpel) auf Klebevlies abpausen und aus Jersey in den entsprechenden Farben zuschneiden (siehe S. 89).

Stoff 1

1x Handtuch, 90 cm x 90 cm

1x Kapuze

Stoff 2

1x Kapuze

ANLEITUNG

1 Ein 12 cm langes Kordelstück zurechtschneiden und durch das Loch des Ankers führen. Den Anker markierungsgemäß auf die Kapuze aus Stoff 1 bügeln. Die äußeren Konturen des Ankers absteppen, dabei die Kordel mitfassen. Die Kordel zur Hälfte legen und die innere Kontur des Kreises absteppen.

2 Die Enden der Kordel nebeneinanderlegen. Den Wimpel darumlegen und durch bügeln fixieren. Die Konturen des Wimpels absteppen, dabei das Reißverschlussfüßchen verwenden, um möglichst nahe an der Kordel entlang nähen zu können.

3 Das Schnittmuster für die Kapuze als Schablone nutzen und damit alle vier Ecken des Handtuchs abrunden.

4 Die Kapuzenzuschnitte links auf links heften. Ein passendes Stück Schrägband zurechtschneiden, auffalten und entlang der Kapuzenunterkante auf die Rückseite der zusammengehefteten Kapuzenteile nähen. Die linke Kante des Schrägbands zum Mittelfalz des Schrägbandes falten.

5 Den eingeklappten Schrägbandstreifen so um die Kante der Kapuze legen, dass er auf der rechten Seite der Kapuze aufliegt und die Kapuzenkante sauber umschließt. Die Einfassung mit Zickzackstich von rechts annähen.

6 Die Kapuze auf eine Ecke des Handtuchs legen und entlang der Ecke innerhalb der Nahtzugabe knappkantig festheften.

7 Das 10 cm lange, übrige Kordelstück zur Schlaufe legen und so an der Rückseite der Kapuzenecke feststecken, dass die Kordelenden über die Ecke hinausragen.

8 Das Handtuch ringsherum mit Schrägband einfassen (siehe Schritt 4 und 5), dabei im unteren Drittel des Handtuchs beginnen. An der Kapuze ein Stück Webband zur Hälfte legen und beim Annähen des Schrägbands mitfassen. Das Ende des Schrägbands einklappen und überlappend festnähen. Die Schlaufe nach oben legen und mit einer kurzen Naht auf dem Schrägband fixieren.

Waschhandschuh

FÜR SAUBERE FISCHLEIN

GRÖßE

26 cm x 16 cm

MATERIAL

- Stoff 1: Frottee in Naturweiß, 45 cm x 40 cm
- Stoff 2: Baumwollflanell mit Fischgrätwebung in Blau, 20 cm x 20 cm
- Stoff 3: Leinen in Blau, 20 cm x 10 cm
- Jersey in Schwarz und Mint, Reste
- Baumwollkordel in Natur, ø 4 mm, 8 cm

Schnittmusterbogen D

NAHTZUGABEN

Die Schnittmuster enthalten bereits 1 cm Nahtzugabe (gestrichelte Linien).

ZUSCHNEIDEN

Alle Markierungen von den Schnittmustern auf die Stoffteile übertragen. Die Applikationsteile (1x Auge, 1x Herz) auf Klebevlies abpausen und aus Jersey in den entsprechenden Farben zuschneiden (siehe S. 89).

Stoff 1

1x Kopf

1x Rückseite

1x Eingriff

Stoff 2

1x Körper

Stoff 3

2x Flosse (gegengleich)

ANLEITUNG

1 Auge und Herz markierungsgemäß auf den Kopf applizieren (siehe S. 89). Mit schwarzem Garn eine Linie für den Mund aufnähen.

2 Die Flossenzuschnitte rechts auf rechts zusammennähen, die Wendeöffnung offen lassen. Nahtzugaben zurückschneiden. Die Flosse auf rechts wenden und markierungsgemäß auf den Körperzuschnitt heften.

3 Den Kopf rechts auf rechts an den Körperzuschnitt nähen. Die Nahtzugaben zum Kopfteil bügeln. Die Naht von rechts knappkantig absteppen.

4 Die Kordel zur Schlaufe legen und markierungsgemäß am Kopf feststecken.

5 Am Eingriff die gerade Kante mit Zickzackstich versäubern und 1 cm auf links bügeln. Von rechts absteppen. Den Eingriff links auf rechts auf die Rückseite legen und rundherum innerhalb der Nahtzugabe mit einer Heftnaht fixieren.

6 Den Körper rechts auf rechts auf die Rückseite stecken, der aufgenähte Eingriff zeigt zum Körper hin. Die Teile rundherum zusammennähen, dabei die Wendeöffnung offen lassen. Nahtzugaben zurückschneiden. Den Fisch wenden. Die Wendeöffnung von Hand schließen.

Varianten

HANDTUCHSCHÜRZE FÜR MAMA UND PAPA

Eine praktische Ergänzung zum Kapuzenbadetuch ist ein Handtuch zum Umhängen für Erwachsene. Das Problem beim Baden der Kleinen ist nämlich, dass beim Herausheben immer zwei Hände notwendig sind. Die eigene Kleidung vor Nässe zu schützen, ist dabei kaum möglich. Um nicht selbst nass zu werden, hilft ein Handtuch mit Schlaufen zum Umbinden. Das Prinzip ist einer Küchenschürze abgeschaut und schnell umgesetzt. Einfach ein vorhandenes Handtuch quer nehmen, die Mitte ermitteln und dort symmetrisch zwei ca. 1 m lange Bindebänder im Abstand von etwa 25 cm annähen. Nun noch jeweils ein 1 m langes Bindeband an die beiden Ecken genäht und das Handtuch lässt sich wie eine Schürze umbinden.

KLEINER ERKÄLTUNGSHELFER IN FISCHFORM

Gerade in der kälteren Jahreszeit machen Babys und kleine Kinder eine Menge Infekte durch. Viele davon lassen sich mit Hausmitteln wie Brustwickel sehr gut ergänzend behandeln. In der Apotheke gibt es in Bienenwachs getränkte Wickel zu kaufen. Man wärmt sie an (zum Beispiel mit einem Föhn) und legt sie bei Husten über Nacht auf die Brust des Babys. Für lindernde Wärme sorgt eine dünne Auflage obenauf. Dafür eignet sich das Fischlein aus der Handschuhanleitung. Ein etwas enger sitzender Body hält alles an seinem Platz. Genäht wird der Fischwickel wie der Waschhandschuh, nur wählt man für die Rückseite Teddyfleece aus Baumwolle und verzichtet auf den Zuschnitt für den Eingriff.

Ahoi

Neunter Monat

Der wohlverdiente Mutterschutz lässt sich noch für kleine Nähprojekte wie das Spucktuch nutzen, das sich bewährt hat und einen Platz in der Kliniktasche finden sollte. Babyzeit ist nämlich Lappenzeit. In den ersten Wochen nach der Geburt braucht man besonders viele. Die meisten Babys lieben es, an die Schulter von Mama oder Papa angelehnt getragen zu werden. Die aufrechte Haltung hilft beim Aufstoßen. Wirklich praktisch sind Spucktücher, die man sich über die Schulter legen kann, wenn man mit dem Baby auf und ab geht. Unser Spucktuch ist so geformt, dass es sich auch einhändig auf der Schulter drapieren lässt und die eigene Kleidung vor Flecken schützt. Und wenn die ersten Babytage vorbei sind, tut das Tuch als Unterlage fürs Köpfchen im Kinderwagen oder Bettchen noch lange gute Dienste.

Die Rassel und das Kuscheltuch sind bewusst einfach gehalten, um der Kreativität beim Gestalten Raum zu lassen. Für sie lassen sich die Stoffreste der zurückliegenden Nähprojekte verwenden. So passen sie perfekt zur restlichen Ausstattung.

Das Lätzchen greift schon etwas vor. Noch scheinen die ersten Essversuche des Babys in weiter Ferne. Doch wenn die erste feste Mahlzeit ansteht, ist ein Vorrat an Lätzchen von großem Vorteil. Sie schützen die Kleidung zuverlässig vor Flecken und sind auch in der Zeit des Zahnens praktische Alltagshelfer. Sie passen Babys im Alter von drei bis 18 Monaten.

Spucktuch

SCHÜTZT MAMAS UND PAPAS SCHULTER

GRÖßE

28 cm x 46 cm

MATERIAL

- Stoff 1: Frottee in Naturweiß, 65 cm x 50 cm
- Stoff 2: Baumwollstoff mit Fischgrätwebung in Rot, 30 cm x 20 cm
- Jersey in Hellblau, 15 cm x 10 cm
- Leinen in Blau, 15 cm x 10 cm
- Baumwollkordel in Natur, ø 4 mm, 8 cm, und in Rot, ø 4 mm, 4 cm

Schnittmusterbogen D

NAHTZUGABEN

Die Schnittmuster enthalten bereits 1 cm Nahtzugabe (gestrichelte Linien).

ZUSCHNEIDEN

Alle Markierungen von den Schnittmustern auf die Stoffteile übertragen. Die Applikationsteile (1x Schiff) gemäß Vorlage im Schnittmuster auf Klebevlies abpausen und aus Jersey in der entsprechenden Farbe zuschneiden (siehe S. 89).

Stoff 1

1x Rückseite

1x Vorderseite oben

Stoff 2

1x Vorderseite unten

ANLEITUNG

1 Das Schiff markierungsgemäß auf das obere Vorderteil applizieren (siehe S. 89), dabei die rote Kordel zur Schlaufe legen, unter die Spitze des Segels stecken und beim Nähen mitfassen.

2 Das untere Vorderteil rechts auf rechts an das obere Vorderteil nähen. Nahtzugaben zum unteren Vorderteil legen und die Naht von rechts absteppen.

3 Die naturfarbene Kordel zur Schlaufe legen und markierungsgemäß an das obere Vorderteil stecken.

4 Vorderseite und Rückseite rechts auf rechts zusammennähen, dabei die Wendeöffnung offen lassen und die Schlaufe mitfassen. Nahtzugaben zurückschneiden. Das Tuch wenden und rundherum füßchenbreit absteppen, dabei die Wendeöffnung schließen.

Kuschelfisch und Rasselqualle

BABYS ERSTES SPIELZEUG

GRÖßE

Schmusetuch: 30 cm x 30 cm

Fisch: 13 cm x 7 cm

Qualle: 7 cm x 22 cm

MATERIAL

FISCH

- Stoff 1: Frottee in Naturweiß, 20 cm x 10 cm
- Stoff 2: Waffelpiqué in Mineral, 30 cm x 15 cm
- Stoff 3: Musselin in Weiß mit roten Ankern, 32 cm x 32 cm
- Baumwollkordel in Natur, ø 4 mm, 5 cm
- Füllwatte, ca. 30 g
- Quietsche zum Einnähen

QUALLE

- Stoff 1: Frottee in Naturweiß, 20 cm x 12 cm
- Stoff 4-7: Musselin in Blau und Mineral, Jersey in Grau, Flanell mit Fischgrätwebung in Jeansblau, jeweils 15 cm x 9 cm
- Jersey in Rot-Weiß geringelt, 2 cm x 20 cm
- Baumwollkordel in Natur, ø 4 mm, 5 cm
- Füllwatte, ca. 30 g
- Rasselscheibe zum Einnähen

Schnittmusterbogen C

NAHTZUGABEN

Die Schnittmuster enthalten bereits 1 cm Nahtzugabe (gestrichelte Linien).

ZUSCHNEIDEN

Alle Markierungen von den Schnittmustern auf die Stoffteile übertragen.

FISCH

Stoff 1

2x Kopf (gegengleich)

Stoff 2

2x Körper (gegengleich)

4x Flosse (je 2x gegengleich)

Stoff 3

1x Tuch, 32 cm x 32 cm

QUALLE

Stoff 1

2x Körper (gegengleich)

Stoff 4–7

Je 2x Arm (gegengleich)

ANLEITUNG

FISCH

1 Für die Flossen jeweils zwei Zuschnitte rechts auf rechts zusammennähen, dabei die vordere Kante offen lassen. Nahtzugaben an den Rundungen einschneiden. Die Flossen wenden.

2 Jeweils eine Flosse markierungsgemäß rechts auf rechts auf ein Körperteil heften. Anschließend je ein Kopfteil rechts auf rechts an einen Körperzuschnitt stecken, die Flosse liegt zwischen den Stofflagen. Beide Teile entlang der vorderen Kante zusammennähen. Mit schwarzem Garn den Mund aufnähen.

3 Die Kordel zur Schlaufe legen und markierungsgemäß rechts auf rechts auf den Fischkörper stecken.

4 Am Zuschnitt für das Tuch die Kanten zunächst 1 cm und anschließend noch einmal 1 cm auf links umbügeln. Den Saum rundherum knappkantig absteppen.

5 Eine Ecke des Tuchs rechts auf rechts an die untere Kante eines Fischteils nähen.

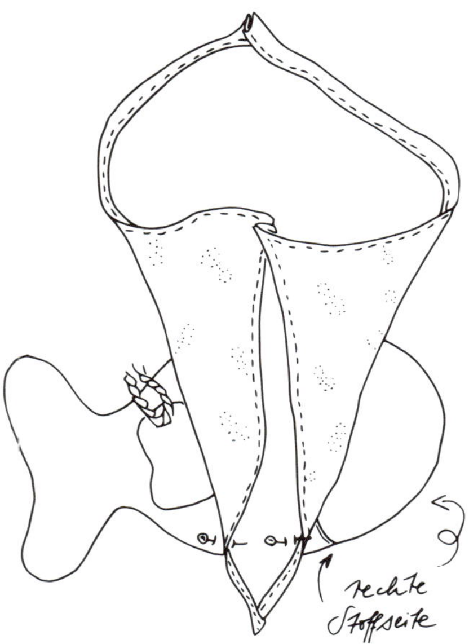

6 Beide Fischteile rechts auf rechts stecken. Das Tuch liegt im Inneren der beiden Teile und ragt im Bereich der Wendeöffnung heraus. Die Teile von der Markierung für die Wendeöffnung ausgehend rundherum zusammennähen. Nahtzugaben an den Rundungen zurückschneiden.

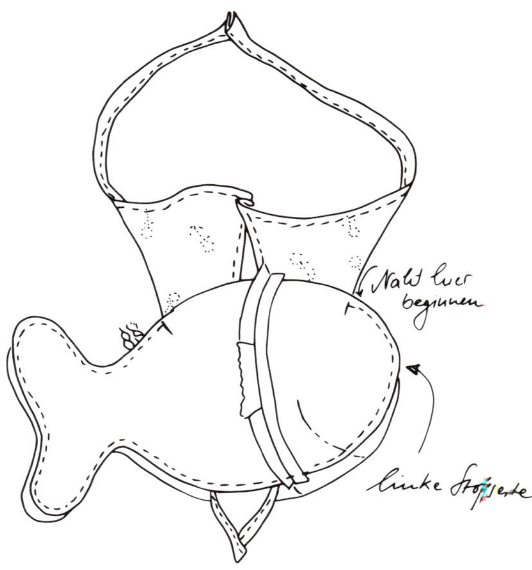

7 Den Fisch wenden, mit Füllwatte stopfen und dabei eine Quietsche im Inneren positionieren. Nahtzugaben von Hand schließen. Zum Schluss die Augen von Hand aufsticken.

QUALLE

1. Mit schwarzem Garn den Mund auf einen Körperzuschnitt nähen. Die Kordel zur Schlaufe legen und markierungsgemäß rechts auf rechts an die obere Kante des Körpers stecken.

2. Je zwei Zuschnitte für die Arme aus Stoff 4-7 rechts auf rechts zusammennähen, die Wendeöffnung offen lassen. Die Arme wenden. Für den fünften Arm den Jerseystreifen der Länge nach dehnen; dabei rollen sich die seitlichen Kanten ein.

3. Die Arme an der Unterkante eines Körperzuschnitts verteilen und heften. Es sieht hübsch aus, wenn nicht alle Arme gleich lang sind.

4. Beide Körperzuschnitte rechts auf rechts stecken und von der Markierung für die Wendeöffnung aus rundherum zusammennähen. Die Arme liegen dabei im Inneren und ragen aus der Wendeöffnung heraus (siehe Anleitung Fisch, Schritt 6). Nahtzugaben zurückschneiden.

5. Die Qualle wenden, mit Füllwatte stopfen und dabei die Rasselscheibe im Inneren positionieren. Die Wendeöffnung von Hand schließen. Zum Schluss die Augen von Hand aufsticken.

Wal-Lätzchen

PRAKTISCH BEIM ESSEN UND ZAHNEN

GRÖßE

22 cm x 27 cm

MATERIAL

- Stoff 1: Waffelpiqué in Mineral, 100 cm x 30 cm
- Stoff 2: Frottee in Naturweiß, 22 cm x 12 cm
- Jersey in Weiß und Schwarz, Reste
- Klebevlies (z. B. Vliesofix®)
- 1 Druckknopf in Blau (z. B. Kam Snap)

Schnittmusterbogen D

NAHTZUGABEN

Die Schnittmuster enthalten bereits 1 cm Nahtzugabe (gestrichelte Linien).

ZUSCHNEIDEN

Alle Markierungen von den Schnittmustern auf die Stoffteile übertragen. Die Applikationsteile (1x Auge, 1x Pupille) auf Klebevlies abpausen und aus Jersey in den entsprechenden Farben zuschneiden (siehe S. 89).

Stoff 1

1x Vorderseite Körper

1x Rückseite

2x Schwanz (gegengleich)

2x Flosse (gegengleich)

Stoff 2

1x Vorderseite Maul

ANLEITUNG

1 Die Flossenteile rechts auf rechts zusammennähen, dabei die Wendeöffnung offen lassen. Nahtzugaben zurückschneiden. Die Flosse auf rechts wenden und markierungsgemäß auf das Maul heften.

2 Das Maul rechts auf rechts an den vorderen Körper stecken, annähen und die Naht von rechts absteppen.

3 Auge und Pupille markierungsgemäß auf den Körper applizieren (siehe S. 89).

4 Die Rückseite und die Vorderseite des Körpers jeweils markierungsgemäß rechts auf rechts an einen Schwanzzuschnitt nähen.

5 Rückseite und Vorderseite rechts auf rechts rundherum zusammennähen, dabei die Wendeöffnung offen lassen. Nahtzugaben ein- und an den Rundungen zurückschneiden. Das Lätzchen wenden und rundherum füßchenbreit absteppen, dabei die Wendeöffnung schließen.

6 Den Druckknopf markierungsgemäß an Schwanz und Lätzchen anbringen.

Varianten

LÄTZCHEN MIT AUFFANGTASCHE

Für größere Kleckerer lässt sich das Lätzchen mit einer praktischen Tasche versehen. In ihr sammeln sich die Krümel und Reste, die sonst unter dem Tisch liegen würden. Für das Lätzchen mit Tasche benötigt man alle Schnittteile wie beim einfachen Lätzchen. Zusätzlich wird das Teil „Vorderseite Maul" noch einmal in doppelter Stofflage zugeschnitten. Diese beiden Maulteile entlang der Wölbung rechts auf rechts zusammennähen, der untere Bereich bleibt offen. Nahtzugaben zurückschneiden und das Maul wenden. Nun der Anleitung bis einschließlich Schritt 4 folgen. Das Maul anschließend so auf die Vorderseite legen, dass es genau auf dem schon an die Vorderseite genähten Maul liegt. Das Maul mit Stecknadeln oder mit einer Heftnaht fixieren. Wie in Schritt 5 beschrieben die Vorder- und die Rückseite des Lätzchens zusammennähen. Nach dem Wenden das Lätzchen nur im Bereich von Körper und Schwanz absteppen, die Tasche aussparen.

LÄTZCHEN ZUM ABWISCHEN

Statt aus Frottee kann das Lätzchen auch aus beschichtetem Baumwollstoff oder Wachstuch genäht werden. Verschmutzungen lassen sich dann einfach abwischen.

TECHNIKEN UND BEGRIFFE

APPLIKATIONEN

Grundsätzlich lassen sich mit allen Stoffen Applikationen erstellen. In diesem Buch wird hauptsächlich mit Jersey appliziert. Denn Jersey hat den Vorteil, dass die Schnittkanten nicht ausfransen. So können Applikationen mit dem einfachen Geradstich angenäht werden. Für Nähte, die hervorgehoben werden sollen, eignet sich der dreifache Geradstich. Auf diese Weise lassen sich auch kleine Details problemlos nachnähen.

Ein Klebevlies zum Aufbügeln (z. B. Vliesofix®) erleichtert das Applizieren. Dabei handelt es sich um ein halbtransparentes Gewebe mit einer Klebeschicht auf Trägerpapier. Das Klebevlies mit der rauen Seite nach unten auf die Vorlage legen und die Motivlinien durchpausen. Achtung: Die Motivteile müssen bereits gespiegelt sein!

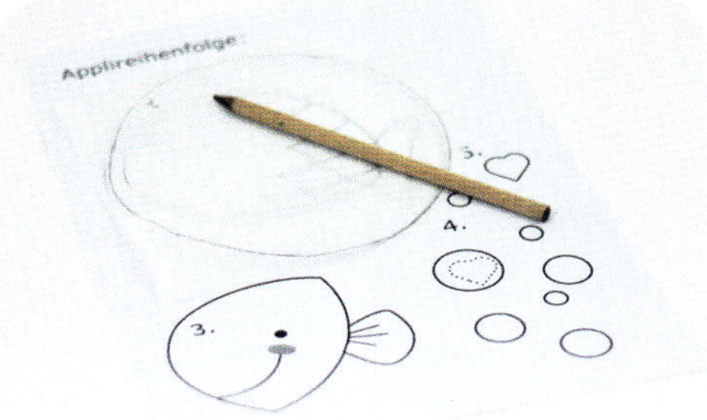

Besteht das Applikationsmotiv aus mehreren Ebenen, ist es hilfreich, die Teile zu nummerieren.

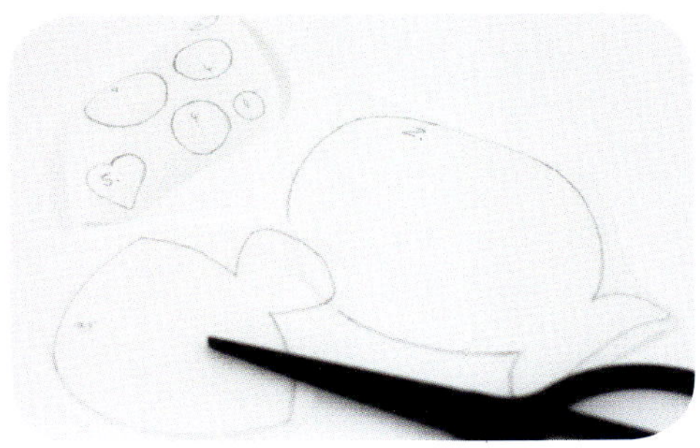

Nach dem Übertragen die Motivteile grob ausschneiden. Anschließend das Vlies mit der rauen Seite nach unten auf die linke Stoffseite bügeln. Dabei auf den Fadenlauf achten. In der Regel verläuft er senkrecht. Empfindliche Stoffe mit einem Tuch zwischen Bügeleisen und Stoff schützen. Die Dampffunktion des Bügeleisens ausschalten.

Das Motiv entlang der Konturen ausschneiden. Danach das Trägerpapier vom Vlies entfernen.

Die Teile mit dem Klebevlies auf der rechten Stoffseite des Trägerstoffs positionieren und mit Druck aufbügeln. Anschließend die Applikationen entlang ihrer Konturen mit Geradstich annähen. Bei kleinen Details oder Rundungen empfiehlt sich eine kürzere Stichlänge (1,5–2 mm).

Bei Motiven, die aus mehreren Ebenen bestehen, zunächst die unteren Ebenen annähen und das Motiv Ebene für Ebene aufbauen.

APPLIKATIONSMOTIVE GENAU POSITIONIEREN

Um Applikationsmotive genau zu positionieren, hilft die Schablone aus dem Vorlagenbogen. Dazu die Vorlage in der Mitte des Motivs falten, passgenau auf den Stoff auflegen und die Motivteile so auf der Vorlage positionieren, dass sie ein Gesamtbild ergeben.

Wenn alles passend sitzt, die Motivteile aufbügeln und dabei nach und nach die Papierschablone entfernen.

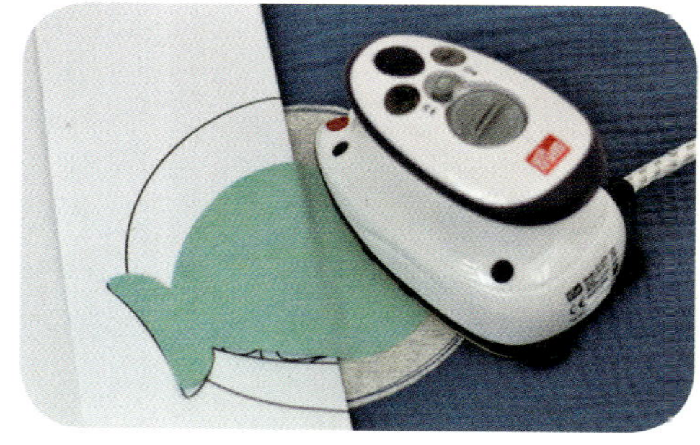

Um Positionen für Applikationen wie Augen zu übertragen, die Markierungen in der Vorlage ausschneiden und zur Seite klappen.

Das entstandene Loch nun als Vorlage nutzen, um mit einem Trickmarker die benötigte Position direkt abzuzeichnen.

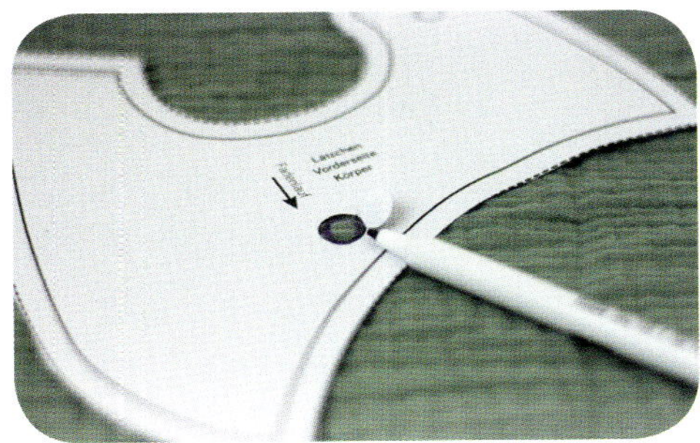

LINIEN ÜBERTRAGEN UND NÄHEN

Um Linien zu übertragen, die später nachgestickt werden sollen, ist wasserlösliches Stickvlies (z. B. Soluvlies) ein gutes Hilfsmittel. Es hat eine wabenähnliche Struktur und ist fast transparent. Das Vlies direkt auf die Vorlage legen und die Linien durchpausen. Alternativ die Linien frei Hand mit Trickmarker übertragen. Die Linien von Trickmarkern verschwinden nach einiger Zeit von selbst.

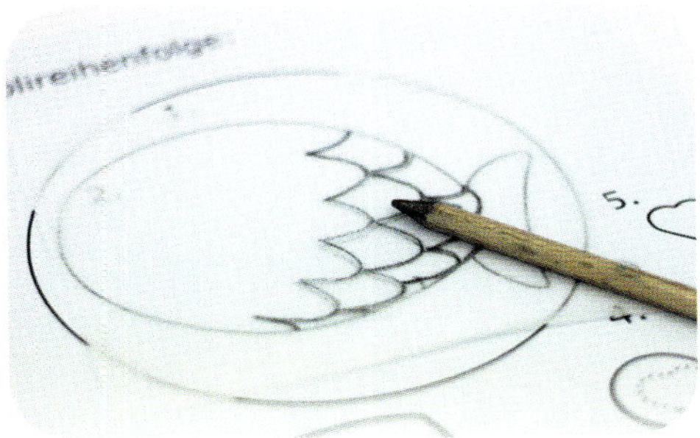

Das Vlies grob ausschneiden und auf dem zu bestickenden Bereich feststecken.

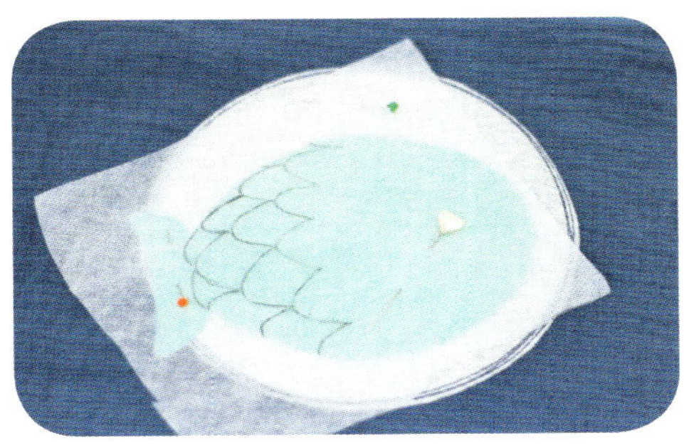

Mit der Nähmaschine nun die Linien im Geradstich nachnähen. Bei Rundungen die Maschine stoppen, Nadel im Stoff stehen lassen, Füßchen heben, Stoff drehen, Füßchen senken und weiternähen. Zum Schluss das Stickvlies in Wasser auflösen.

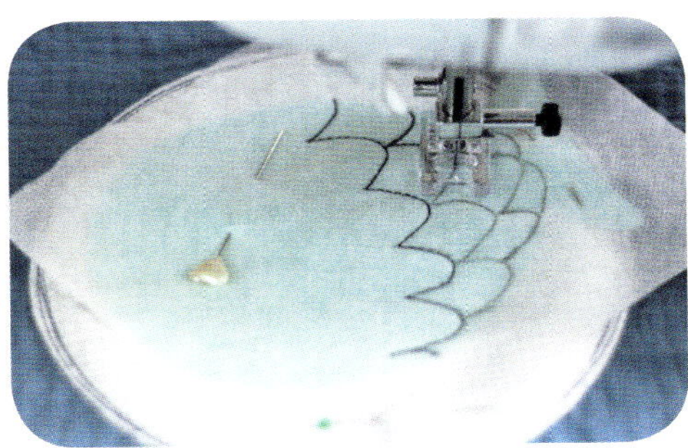

WICHTIGE NÄHBEGRIFFE

Absteppen

Das Absteppen ist eine zweite Naht, die auf der rechten Stoffseite des Nähstücks verläuft. Meist wird sie gesetzt, um mehrere Stofflagen miteinander zu verbinden, Nahtzugaben zu fixieren oder Dekorationsnähte zu setzen.

Fadenlauf

Bezeichnet die Webrichtung des Stoffes. Der Fadenlauf verläuft immer parallel zur Webkante (Seitenkante) des Stoffs und ist vor allem bei Stoffen mit Muster von Bedeutung. Gestrickte Stoffe, sind quer zum Fadenlauf am dehnbarsten.

Füßchenbreit

Soll eine Naht füßchenbreit genäht werden, wird das Füßchen der Nähmaschine genau entlang der Kante des Nähstücks geführt. So entsteht eine Naht mit einem gleichmäßigen Abstand von ca. 7 mm zur Kante.

Gegengleich zuschneiden

Damit sie beim Zusammennähen aufeinanderpassen, müssen Teile oft gegengleich zugeschnitten werden, sodass sie spiegelverkehrt vorliegen. Am leichtesten erreicht man das, in dem man die Teile in doppelter Stofflage zuschneidet. Dafür den Stoff so aufeinanderlegen, dass die rechte Stoffseite innen liegt.

Nahtzugabe

Der Überstand an den Kanten der Schnittteile, der nötig ist, um Platz zum Zusammennähen zu schaffen. In der Regel beträgt die Nahtzugabe 1 cm. Sie ist bei den Schnittmustern für die Modelle in diesem Buch bereits enthalten.

Rechts auf rechts

Sollen Stoffe rechts auf rechts zusammengelegt werden, zeigen die rechten, also die „schönen" Stoffseiten zueinander. Sie liegen also im Inneren der aufeinandergelegten Stoffe.

Rechts und links

Rechts und links bezeichnen Vorder- bzw. Rückseite eines Stoffs. Die rechte Stoffseite ist die Vorderseite, also die „schöne" Seite mit dem Stoffmuster. Die linke Stoffseite ist die Rückseite eines Stoffs.

Stoffbruch

Der Stoffbruch ist die Falzkante entlang des Fadenlaufs, die entsteht, wenn der Stoff doppelt gelegt wird. Für symmetrische Stoffteile wird das Papierschnittmuster entlang des Stoffbruchs auf den Stoff gelegt und die Teile so im Ganzen zugeschnitten.

Die Autorin

Mit dem Selbermachervirus hat sich Franziska Lange, geboren 1985, vermutlich schon in Kindertagen infiziert. Denn noch ehe etwas Neues in der Familie angeschafft werden konnte, war da seit jeher die Frage, ob man das nicht auch selber schaffen könne. Und meistens lieferten die geschickten Hände ihrer Eltern und Großeltern schon die Antwort, bevor der Gedanke ans Kaufen aufkommen konnte. Häkeln, zeichnen, schreiben und entwerfen – das gehörte schon immer zu ihrem Leben. Ebenso wie das lustige Gackern, Scharren, Meckern und Wiehern der Tiere auf dem Hof, auf dem sie aufgewachsen ist.

Über Umwege führte sie ihr Magisterstudium der Germanistik und Geschichte zurück in diese kreativen Gefilde. Zunächst als Journalistin, die mit Worten Neues entwirft, und seit 2013 auch mit ihrem Label „von Lange Hand". Die Inspiration zu ihren Ideen liefern nicht selten ihre drei Kinder. In ihrer Schnittmustermanufaktur in Dresden entstehen Nähanleitungen für alles, was junge Familien fröhlich macht, vom Kuscheltier bis hin zur Wickeltasche. Über ihre Ideen und Entwürfe bloggt sie regelmäßig auf **www.vonlangehand.de**.

DANK

Die Arbeit an einem Buch ist ein Mammutprojekt. Susi, Amac und Lars, ohne euch wäre das Mammut nie geboren! Ohne Benjamin hätte es nie die Möglichkeit gehabt, zu wachsen. Von ganzem Herzen danke! Ohne Katrins unermüdliches Positivdenken hätte das Mammut möglicherweise nie laufen gelernt. Chapeau fürs Durchhalten mit mir! Ohne Katja und das Team von Frau Tulpe Stoffe (**www.frautulpe.de**) hätte das Mammut längst nicht so ein schönes Fell bekommen.
Tausend Dank für euer Vertrauen! Und ohne Andreas Adlerauge und Steffis Motivationen wäre am Ende kein Buch daraus geworden. Ich bin so froh, dass ihr diesen Weg mit mir gegangen seid.

Von Herzen danke!

Buchempfehlungen für Sie

NOCH MEHR SPANNENDE BÜCHER ZUM GLEICHEN THEMA GESUCHT?

ISBN 978-3-7724-4811-9

ISBN 978-3-7724-4820-1

ISBN 978-3-7724-4823-2

ISBN 978-3-7724-6840-7

ISBN 978-3-7724-4825-6

ISBN 978-3-7724-4827-0

ISBN 978-3-7724-6402-7

ISBN 978-3-7724-6841-4

ISBN 978-3-7724-54C4-1

ISBN 978-3-7724-6472-0

ISBN 978-3-7724-6838-4

ISBN 978-3-7724-8156-7

ISBN 978-3-7724-8162-8

ISBN 978-3-7724-8165-9

ISBN 978-3-7724-8168-0

ISBN 978-3-7724-8176-5

NOCH MEHR KREATIV-BÜCHER FINDEN SIE AUF WWW.TOPP-KREATIV.DE

Wer wir sind, wie wir arbeiten, was wir lieben …

Folge uns auf Instagram, Facebook und Pinterest, um mehr über uns und unsere Arbeit zu erfahren und immer mit den neuesten Informationen versorgt zu sein.

Alle News, alle Infos und alle Links findest du auf www.TOPP-kreativ.de

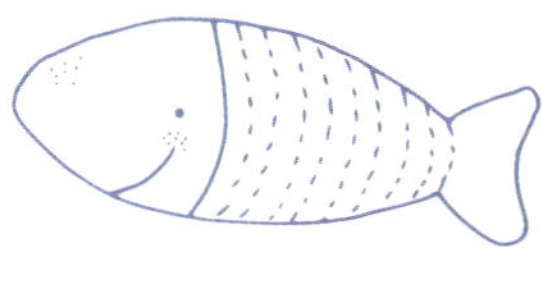
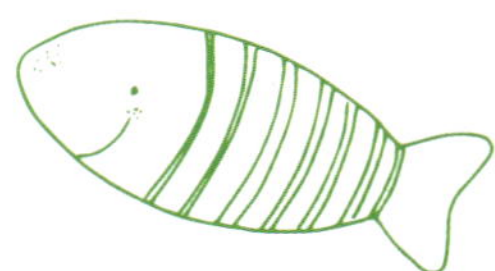
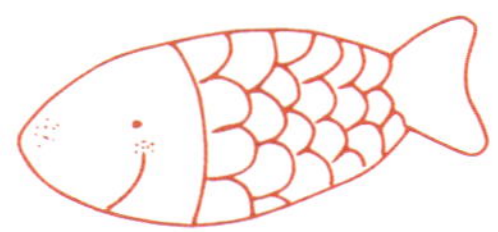

Impressum

FOTOS: frechverlag GmbH, Turbinenstraße 7, 70499 Stuttgart; Amac Garbe, www.amacgarbe.de (S. 8/9 und 92); lichtpunkt GmbH, Michael Ruder (alle übrigen)
PRODUKTMANAGEMENT: Katrin Akyol
LEKTORAT: Christine Schlitt, Worms
LAYOUT: Eva Grimme, Katrin Röhlig
UMSCHLAGGESTALTUNG: Sandra Preinl
SATZ UND GESTALTUNG: Bachmann Design, Weinheim
DRUCK UND BINDUNG: DRUK-INTRO S.A., Polen

1. Auflage 2020

ISBN 978-3-7724-4816-4 • Best.-Nr. 4816